HONTO HA KAKAWARITAKUNAIHITO TONO TSUKIAIKATA
by Shizuo Machizawa

Copyright ⓒ 2002 by Shizuo Machizawa
Original Japanese edition published by Diamond Inc.
Korean translation rights arranged with Diamond Inc.
through Shin Won Agency Co., Seoul.
Korean translation rights ⓒ 2002 by Book & World

성격 성공학

마치자와 시즈오 지음
홍성민 옮김

초판1쇄 인쇄 | 2002. 10. 28
초판1쇄 발행 | 2002. 10. 30

발행처 | 북&월드
발행인 | 신성모

등록번호 | 제10-2073호
등록일자 | 2000. 11. 23

서울특별시 서대문구 창천동 68-68 기린하우스 A동 501호
전화 326-1012·3 | 팩스 326-0232
E-mail | onlybook@hanmail.net

ISBN 89-951908-6-8 03830

인간관계의 스타일리스트

성격 성공학

마치자와 시즈오 지음 · 홍성민 옮김

북&월드

차 례

2 첫인상의 진실 혹은 유혹

■ 성격파악을 위한 10가지 인격 분류

0

인간관계의 스타일리스트를 꿈꾸며

어쩔 수 없이 맺어야 하는 인간관계

사람들의 교제는 서로의 성격에 크게 좌우된다. 어느 정도 상대의 성격을 파악하고 또 자신의 성격을 알고 있으면, 일로든 개인적으로든 그 사람과 잘 지낼 수 있을지 없을지 예측할 수 있다.

의식적이든 무의식적이든, 사람들은 대부분 상대의 성격을 파악해내려는 경향을 갖고 있다. 딱히 어떤 분류체계를 갖고 있는 것은 아니지만, 상대의 사소한 동작이나 말을 통해 '이 사람은 대범해서 세세한 것에까지 신경을 쓰지는 못할 것 같다'

라든가 '이 사람은 너무 세세한 것에까지 신경을 쓸 것 같다'
라는 식으로 상대의 성격을 예측해보는 것이다.

인간의 관찰력은 상대가 자신과 맞는지 맞지 않는지 여부를
파악하는 데에 매우 민감하다. 예를 들어, '첫인상'이라는 것
도 결국 상대방이 자신과 맞는지 맞지 않는지에 대한 하나의
파악 유형에 해당한다. 물론 첫인상만으로는 상대의 성격을
정확히 파악할 수도 없으며, 때로는 오해를 불러일으킬 수도
있지만, 어쨌든 인간의 관찰력이 상대방의 성격을 파악하는
데에 상당히 예민하게 작용한다는 것만큼은 확실하다. 사람을
파악하려는 이러한 경향은 무의식적인 상태에서도 별반 차이
가 없으며, 어떤 때는 깜짝 놀랄 만한 힘을 발휘하기도 한다.

세상에는 나와 성격이 잘 맞는 사람도 있고 잘 맞지 않는 사람
도 있다. 또 성격이 잘 맞지 않는 사람 중에도, 쉽게 외면해 버
릴 수 있는 사람이 있는가 하면 아무리 싫어도 결코 외면할 수
없는 사람도 있다. 특히 일을 하다보면, 그야말로 어쩔 수 없
는 인간관계를 맺어야 하는 경우가 비일비재하다. 그래서 인

간관계에 대한 고민은 끝이 없고, 인간관계로 괴로워하는 사람들도 많다.

물론 당신이 주위의 모든 사람들과 잘 지낸다면 문제될 것이 없다. 그러나 모든 사람과 잘 지내느라고 스트레스가 쌓인다면 어딘가에 문제가 있는 것이다. 혹시라도 다른 사람들이 싫어할까 봐 팔방미인을 자청하며 스스로에게 무리한 요구를 하고 있다는 이야기가 되기 때문이다. 즉 '마이 페이스'를 잃는 것이다.

반대로 너무 자기 식으로만 밀고나가려 한다면 주위 사람들과 마찰을 일으킬 수밖에 없게 된다. 이렇게 되면 주위 사람들에게 피해를 주고 미움을 받게 될 뿐만 아니라, 그로 인해 교우관계가 좁아져 결국에는 고립되게 된다. 타인과 공감할 수 있는 균형감각을 잃기 때문이다.

이렇듯 일 때문에 관계를 가져야만 하는 어쩔 수 없는 인간관계란 결코 쉽지 않다. 그러나 상대방의 성격을 어느 정도 추측할 수 있고 또 자신의 성격을 정확히 파악하고 있다면, 자신과 전혀 맞지 않을 것 같은 상대와는 가능한 한 거리를 두고 사귄다든지, 이런 사람과는 이렇게 사귀면 좋다든지 하는 인간관계의 기본자세를 익힐 수 있다. 즉 자기 식의 인간관계 스타일을 확립할 수 있다는 말이다. 인간관계가 잘 풀리지 않는다고 늘 고민하는 사람은 바로 이러한 자기 식의 인간관계 스타일을 확립하지 못하고 있는 것이다.

먼저 자기 자신을 돌아보라

인간관계의 스타일을 확립하기 위해서는 상대의 성향을 꿰뚫

는 힘도 필요하지만 무엇보다도 자기의 성향을 확실하게 파악

하는 것이 중요하다. 간단히 말해서, 먼저 자기 자신을 돌아볼

줄 알아야 한다는 것이다. 그러나 사실 자기 자신을 '먼저' 바

라본다는 것은 불가능한 일이다. 자기 자신을 알 수 있는 것은

오히려 다른 사람과의 관계, 특히 잘 맞지 않는 사람과의 관계

를 통해서다.

예를 들어 어떤 사람과의 관계에서, '이 사람은 나랑 생각이

비슷하구나' 하는 동질감을 느낄 때는 쉽게 자기 자신의 모습을 파악하기 힘들다. 그러나 사람들에게 미움을 받거나 뜻하지 않은 반발을 사는 경우, 또는 실연당했을 때는, '왜 나는 내 뜻과는 달리 사람들에게서 반발을 사는 걸까' 또는 '왜 그녀에게서 미움을 받는 걸까' 하고 자기 자신을 되돌아보게 되기 쉬운데, 그런 반성을 통해 자신의 성격을 파악하며 성장해가는 것이다.

사람들과 자신의 성격을 알기 위해서는 나름대로 성격을 분류하는 기준을 갖고 있는 것이 편리한데, 이 책에서는 미국 정신과 의학회가 감수한 진단 매뉴얼 〈DSM-IV〉의 '인격장애' 분류를 참고로 하여 이야기를 풀어가도록 하겠다.

여기서 '인격장애' 란 병적 성격으로 인한 일종의 마음의 병이다. 따라서 '인격장애' 분류를 일상생활에서 접하는 사람들에게 직접 적용할 수는 없다. 그러나 '인격장애' 란 어떤 경향을 드러내는 성격의 극단적인 경우이기 때문에 이를 통해 거꾸로, 극단적이지는 않지만 독특한 경향을 드러내는 다양한 성격들을 추론해낼 수는 있다. 가령 '자기애성(自己愛性) 인격장애'를 통해 '자기애성 인격'을 추론해볼 수 있는 것이다.

실제로 사람들은 어떤 일정한 성격적 편향을 갖고 있다. 따라서 그러한 성격적 편향을 이해하게 되면 주위 사람들의 성격을 아주 정확하지는 않더라도, 상당히 파악할 수 있다. 물론 자기 자신의 성격도 상당히 알아낼 수 있다. 그리고 상대방과 자기 자신의 성격을 파악하게 되면 상대방과의 교제법, 즉 인간관계의 스타일도 자연스럽게 확립되는 것이다.

피할수 없기 때문에 더 싫다

누구에게나 될 수 있으면 가까이 하고 싶지 않은 사람이 있게

마련이다.

가령 출근시간이 정해진 회사나 학교에서 지각을 많이 하는

등 집단의 기본적인 규칙을 지키지 못하는 사람은 어떤 집단

에도 쉽게 적응할 수 없다. 또한 팀워크에 서툰 사람은 개인적

으로는 일을 잘할 수 있을지 몰라도 집단에 들어오면 인간관

계에서 이런저런 문제를 일으키기 쉽다. 물론 그런 사람이라

도 능력이 있으면 일은 해나갈 수 있을 테고, 또 조직의 특성

과 일의 종류에 따라 크게 문제가 되지 않을 수도 있다. 그러나 일반적으로는 조직에서 일을 해나가기 어렵다.

그러나 이건 어디까지나 이해를 위한 일반론적 설명에 지나지 않는다. 좀더 구체적으로 생각해보면, 사회에서 문제가 되는 사람들은 너무 규칙에서 벗어나는 사람보다는(그런 사람은 자연히 조직에서 떨려나가게 되므로) 안정되지 못하고 약간 들떠 있는 듯한 사람이다.

또 어느 정도 유형화하여 나눌 수는 있다 하더라도 사람의 성격은 그야말로 천차만별이다. 다른 사람들과는 아무 문제가 없어도 나와는 맞지 않는 도저히 좋아할 수 없는 사람이 있는가 하면, 또 반대로 다른 사람들에게는 '정말 싫은' 사람이 나에게는 '아주 괜찮은 사람'인 경우도 있다. 성격 차이에 따라 그 대응이나 느낌도 각각 달라지기 때문이다.

더구나 어느 정도 사회성이 있는 사람이라면 개인적인 좋고 싫음을 일에 극단적으로 반영시키지는 않는다. 일에 개인적인 궁합이나 좋고 싫음을 쉽게 반영하는 사람은 정신적으로 미숙한 경우일 때가 많다. 물론 일을 하면서 자신의 좋고 싫음을 분명히 반영해야 하는 사람들도 있다. 예술가에겐 자신의 의사를 확실히 하는 것이 곧 일이고, 회사의 경영자에겐 좋고 싫음을 분명히 표현할 수밖에 없는 입장이 있다. 그러나 그런 특수한 일이나 특별한 입장을 제외한다면, 개인적인 성향을 일에 반영하는 것이 통용되지 않는 것이 일반적이다.

직장 등에서 일 관계로 사람을 만나는 경우 사람들은 어느 정도 자신을 억제하게 된다. 따라서 인간적인 궁합이나 개인적인 취향보다는 능력이나 일을 처리하는 방식에서 문제가 비롯되는 경우가 대부분이다. 가령 우유부단해서 쉽게 결단을 내리지 못하는 사람, 어떤 일을 부탁하면 구실을 붙여 회피하는 사람, 또는 입으로는 "알겠습니다"라고 하면서 시간이 지나도 그 일을 해주지 않는 사람은 다른 사람들은 난처하게 만든다. 어떤 분야에서든 일에 대한 적극성을 보이지 않고, 일처리가 극단적으로 느리고, 일의 능력이 현저하게 떨어지면 당연히 주위 사람들에게 미움을 받게 되고 이에 따라 인간관계도 나

빠지게 된다.

일에 따라 다르겠지만 어디까지가 내 일이고 어디까지가 아닌지 경계가 애매한 경우도 있을 수 있다. 이때 '내 일은 여기까지다' 라고 하며 애매한 부분의 일에는 결코 손을 대지 않는 사람도 있다. 이런 사람은 옆에서 보았을 때 다른 사람에게 일을 미루고 도망치려는 것처럼 보일지도 모른다. 또 언제나 그런 태도로 일한다면 누군가가 항상 그 일의 뒤처리를 해야 하기 때문에 주위 사람들에게 함께 일하고 싶지 않은 사람으로 인식되게 된다.

그러나 이런 부분은 그 사람과 직접 일해보지 않고는 결코 알 수 없는 부분이다. 마찬가지로 표면적인 관계만으로는 상대의 진짜 성격을 알 수 없는 경우가 많다. 따라서 일을 통해 지속적인 관계를 맺음으로써 보다 가까운 사이가 된 이후에 비로소 '이 사람이 이런 사람이었구나' 하게 되는 경우도 생긴다.

어쩌면, 싫어도 피할 수 없는 상대이기 때문에 더욱더 상대의 나쁜 면이나 자신과 맞지 않는 면이 두드러져 보이는 것인지도 모른다. 상관없는 사람이라면, 가령 연예인들을 생각해보면 쉽게 이해될 것인데, 그 연예인의 성격이 어떠하든, 나와 잘 맞든 맞지 않든 큰 상관이 없다는 말이다. 그러나 물론 현실적으로는 간단한 문제가 아니다. 싫어도 어쩔 수 없이 관계를 맺고 만남을 지속해야 한다는 것은 그야말로 곤혹스러운 일이다.

'상대를 알고 나를 아는' 유연한 인간관계

누구나 자신을 가장 사랑하고 소중히 여기기 때문에, 그런 의미에서 자기중심성(自己中心性)을 갖지 않는 사람은 없다. 그러나 사회 속에서 자기중심성을 너무 겉으로 드러내면 다른 사람들에게 배척당하게 된다. 따라서 사회에 나와 사람들과 관계를 맺는다는 것은 자기중심성을 어느 정도 억제하지 않으면 안 된다는 것을 의미한다. 그리고 그렇기 때문에 인간관계에서 필연적으로 스트레스를 받게 되는 것이다.

사람이 성장하여 성인이 된다는 것은, 사람들과의 관계 속에서 자신을 어느 정도 컨트롤할 수 있게 되었다는 뜻이기도 하다. 어떤 성격의 사람도 자기 자신을 어느 정도 컨트롤할 수만 있다면 인간관계에서 그렇게 심한 문제는 생기지 않는다. 즉 인간관계가 순탄치 못한 것은 자기 컨트롤이 되지 않기 때문이다.

성장하는 과정에서 사회화의 훈련이 이루어지지 않게 되면 자기중심성이 커지게 된다. 그것이 당장은 문제를 일으키지 않을지 몰라도, 사회에 나와 생활할 때 아무렇지도 않게 자기중심적인 행동을 하여 자신도 모르는 사이에 주위 사람들로부터 눈총을 받게 되는 것이다.

성격이 극단적으로 어느 한쪽으로 치우쳐 있는 사람도 자기중심성이 강한 사람이라고 할 수 있다. 그들은 자기 편향적인 성격으로 사물을 보고 또 그 성격으로 무엇이든 밀어붙이려고 한다. 그래서 주위 사람들과 마찰을 일으키게 되는 것이다.

원래 인격은 넓은 의미에서 해석하면 선천적인 자질(유전 등의 영향)과 그후의 생활환경(교육도 포함하여)으로 형성되는

데, 이 후천적인 영향으로 형성된 것을 '성격'이라고 한다. 반대로 선천적인 것은 '기질'이라고 한다.

인격의 토대는 유전적인 요소가 강한 '기질'이며, 이 기질은 쉽게 바꿀 수 있는 것이 아니다.

그 기질을 토대로 하여 생활환경 속에서 형성되는 것이 일반적으로 말하는 그 사람의 성격이다. 성격은 오랜 세월에 걸쳐 생활습관으로 형성되기 때문에, 본인의 노력에 의해 어느 정도 바꿀 수 있다.

그러므로 자기중심적인 사고방식이나 행동은 본인이 그것을 깨닫고 고치려고 노력하면 고칠 수 있다. 그리고 자기를 컨트롤할 수 있다는 것은 자신의 성격을 바꾸는 것이 아니라 자신의 성격을 사회에 맞춰 유연하게 대응할 수 있게 한다는 말이다. 이 유연성의 유무가 사람과의 관계나 사회 속에서 살아가는 데 크게 영향을 미친다고 할 수 있다.

이 책에서는 인간의 성격을 분류하여 어떤 성격의 사람이 어떤 사고방식과 행동을 하기 쉬운지, 또는 문제를 일으키기 쉬운지를 설명하여 당신 주위에 있는 다양한 사람들과 당신 자신의 성격을 생각하는 재료로 삼을 것이다. '상대를 알고 나를 아는' 것이야말로 인간관계를 유연하게 하는 거름이 되기 때문이다. 그리고 이 위에 자기 식의 인간관계 스타일을 확립하는 것이 중요하다. 기억하라. 인간관계로 괴로울 때야말로 다른 사람들을 이해하고 자기자신을 이해할 수 있는 절호의 기회다.

1

꼴 보기 싫은 사람 혹은 나

이런 사람들은 정말 곤란해

이른바 '인격장애'라는 병적인 단계에 이르게 되면, 주변 사람들과의 잦은 트러블은 말할 것도 없고, 그 사람 스스로가 우울증 같은 마음의 병에 빠지게 되는 경우가 많다. 그러나 이런 병적인 단계에 이르지 않았더라도 어떤 편향된 성격이 강하게 나타나면, 주변 사람들은 역시 성가시게 마련이다. 편향된 성격의 사람과 어쩔 수 없이 관계를 맺어야 한다면, 그야말로 보통 일이 아니다.

물론 이런 경우도 있다. 분명 인격장애라는 병적인 단계에 이르렀는데도 불구하고, 그 사람이 생활하고 있는 세계가 그 편향적인 성격을 허용해주고 있는 경우 말이다. 가령 연예계 같은 세계에서는 성격적인 편향이 있어도 그것을 오히려 개성으로, 독자적인 연기력으로 살릴 수만 있다면 주변 사람들은 그 사람이 제멋대로이고 아무리 특이하다고 해도 받아들이게 된다. 본인 역시 그 성격대로 자기를 충분히 발휘해도 마음의 병이 되지는 않을 것이다.

그러나 그런 특별한 경우를 제외한다면, 인격장애에 버금갈 정도의 성격적 편향을 가진 사람들은 일반적인 사회에서 쉽게 받아들여지지 않는다. 주변 사람들이 볼 때, 이른바 '될 수 있으면 관계하고 싶지 않은 사람'이 될 수밖에 없는 것이다.

이제 우리 주변에서 흔히 볼 수 있는, 될 수 있으면 관계하고 싶지 않은 타입의 사람들을 구체적으로 살펴보기로 하자.

나 잘났어, 나 대단한 인간이야!

지위나 직책이 높아질수록 으스대고 잘난 척하는 사람들이 있다. 특히 비교적 좁은 세계에서는 요직에 앉게 되면 권위를 내세우며 허세를 부리려는 경향이 더 심해진다고 한다. 으스대기 좋아하는 사람들은 자기에게 빌붙어 굽실대며 떠받드는 사람들에게만 둘러싸여 있다. 그렇게 해서 자기애를 만족시키는 것이다. 그리고 자기 비위에 거슬리는 말을 하는 사람은 바로 밀어내버린다. 사정이 이렇게 되면 생산적인 토론이나 비판은 힘들어진다.

유명한 학자들 중에는 유명 출판사가 아니면 원고청탁을 받지 않는 사람들도 있다. 또 텔레비전 출연도 아주 가려서 한다. 그러니까 권위 있는 일이라고 생각하는 부분의 일이 아니면 하지 않는 것이다.

권위를 내세우는 국립대학의 의과대학 교수들 중에는 민영방송의 〈와이드 쇼〉에 나가는 사람이 거의 없다. 그들은 교육방송은 괜찮지만 민영방송의 〈와이드 쇼〉 같은 대중적인 텔레비전 프로그램에 나가는 것은 당치않다고 생각한다.

어떤 여성작가가 병원에 찾아온 적이 있었다. 그녀의 아이에게 문제가 있어 진찰을 받으러 온 것이다. 그런데 그녀는 자기가 쓴 책을 가지고 와서는 간호사들에게 보이며 자기가 얼마나 굉장한 일을 하는 사람인지를 말하고 다녔다. 이런 행동도 자기에게 권위가 있다는 것을 인정받고 싶어하는 행동이다.

세상에는 이런 식으로 자기를 잘난 사람으로 보이고 싶어하고 뻐기고 싶어하는 사람이 많다. 그런데 이처럼 사람들에게 권위를 내세우고 싶어하고 뻐기고 싶어하는 것도 일종의 '인격장애'라고 할 수 있다. 일반적으로 사람들은 지위가 높아지면 태도가 오만해지는 경향이 있다. '나는 실력이 있다. 자신이 있다'라는 태도를 끊임없이 드러내면서 주위로부터 인정받으려 하는 것이다.

이런 사람이 가까이 있으면 그것도 참 난처한 일이다. 그 사람과 잘 지내기 위해서는 그의 기분을 만족시켜주기 위해 하고 싶지 않은 말도 해야 하고, 또 그렇게 하지 않을 경우엔 '뭐야, 이 녀석 건방지잖아' 하는 반발을 사게 되기 때문이다.

부하 앞에선 거만, 상사 앞에선 비굴

뻐기고 잘난 척하기 좋아하는 사람은 정말로 자기에게 자신이 있는 걸까? 물론 주위에서 인정하고 자꾸 추어올리니까 자연스럽게 자신이 정말 잘났다고 생각하게 되는 걸 게다. 그런 점에서는 자기의 능력에 자신을 갖고 있다고 긍정적으로 생각할 수 있다. 그러나 필요 이상으로 으스대는 사람은 어딘가 불안한 면이 있게 마련이다.

'자신감' 이란 어떻게 해석하느냐에 따라서 그 의미가 달라지는데, 본래 의미는 '자기의 내면에서 스스로를 믿는 것' 이라고 생각한다. 그런 의미에서는 스스로 자기 자신을 칭찬하는 것도 '자신감'이라 할 수 있다. 즉 자기가 자기를 어떻게 보느냐 하는 것이 기본적으로 매우 중요하다.

그런데 일반적으로 '자신 있는 태도'라고 했을 때는 '잘난 척하는 태도'와 혼동되는 경우가 많은 것 같다. 타인 앞에서 우월감을 드러내며 '나한테 머리를 숙이시오' '나를 칭찬하시오' 하는 태도를 '자신 있는 태도'로 여긴다는 것이다. 그러나 그런 사람들은 자신 있는 자리에서는 오만하고 으스대는 태도를 취하지만, 자신 없는 자리에서는 묘하게 비굴해진다. 가령 부하직원에게는 자신만만하고 과장된 태도로 뻐기면서 상사 앞에서는 위축되어 아부를 떠는 사람이 바로 그 전형이다.

으스댄다는 것은 사람들을 비교하는 심리 때문에 나타나는 행동이다. '나는 저 녀석과 비교했을 때 실력이 있다, 잘났다'라고 생각하면, 그것이 오만한 태도가 되어 자연스럽게 나타나는 것이다. 그래서 언제나 자신과 상대방을 비교해서 '내가 잘났다' 혹은 '잘나지 못했다'를 확인해야만 직성이 풀린다.

으스대는 사람이 꼭 자기 능력에 자신이 없는 사람이라고는 할 수 없지만, 그들은 자기의 능력을 항상 누군가에게 인정받지 못하면 견디지 못한다. 그래서 자기에게 야박하게 구는 사람은 멀리하고 자기가 뻐길 수 있는 상대나 자기의 언동에 맞장구쳐주는 사람만을 주위에 두게 되는 것이다.

거기에 비해 본래적인 의미에서 '자기에게 자신이 있는 사람'은 주체성이 확립되어 있는 사람, '자기'를 갖고 있는 사람이라고 할 수 있다. 이런 사람은 자기 존재의 뿌리를 가지고 살아간다. 때문에 일부러 사람들에게 으스댄다거나 반대로 비위를 맞추거나 하는 일이 없다.

자신이 있고 없고는 능력이 있고 없고와는 별 관계가 없다. 능력은 사람마다 다르다. 그리고 사람은 그 자체로 고유한 존재이다. 또한 일에서 별로 능력을 보이지 못하는 사람이라 하더라도 그가 일 이외의 다른 면에서 능력을 보일 수도 있는 일이다. 가령 공부는 영 못지지만 집수리는 잘한다든지, 운동은 뭐든 잘하는데 그림을 그리라 하면 정말 가관이라든지 하는 경우는 얼마든지 많다. 인간으로서 '자기'를 갖고 산다는 것이 본래적 의미의 '자신 있음'이라면, 그렇다면 사람들에게 으스댈 것도 비굴해질 것도 없지 않을까?

권위적인 행동을 하거나 사람들에게 으스대고 싶어하는 사람은 실력의 유무를 떠나 늘 타인과 자신을 비교해 스스로 위에 있고 싶어하는 사람이다. 그래서 이들은 자기를 존중하고 떠받들지 않는 사람은 마음에 들어 하지 않는다. 으스대기 좋아하는 사람의 자신감이란 '어쨌든 나는 나다'라는 본래적 의미의 '자신감'과는 차이가 있다고 볼 수 있다. 늘 타인과 자기 자신을 비교하는 사람은 본래적인 '자신감'이 없는 사람이라고 해야 할 것이다.

반항하면 떨려나고 말려들면 혹사당한다

사람의 성격이 어디에서 가장 잘 드러나는가 하면, 바로 눈이다. 의사들이 환자의 상태를 알기 위해 제일 먼저 살피는 것도 그 사람의 눈이다. 가령 겁에 질려 있는 사람은 그 공포가 눈에 드러나 있다. 또 반대로 잘난 척하고 싶어하는 건방진 사람도 그 거만함이 눈 속에 모두 들어 있다. 말을 아무리 정중하게 하고 겸손한 태도를 보여도 그 사람의 눈에서는 그의 건방진 태도가 드러나는 것이다.

일반적으로 건방진 태도의 사람은 조직 속에서 임원 자리에 있는 사람이 많다. 교육위원회의 위원장이나 학교의 교장 같은 사람들 말이다. 그리고 직접 접촉할 기회는 거의 없었지만 정치가들 역시 텔레비전 등을 통해 보면 그 말은 아주 정중해도 건방진 태도의 사람들이 매우 많다. 그들은 명예욕이 강하고 타인의 기분을 전혀 이해하지 못한다. 그런 사람들을 보고 있으면 인격장애까지는 이르지 않았어도 자기는 특별하다고 믿는 '자기애성 인격'인 사람이 많은 듯하다. 사실 정치가야 말로 공감하는 정서가 발달되어야 하는데 전혀 그렇지 않은 사람들이 훨씬 많은 것 같다.

이유를 나름대로 분석해보면 이렇다. 정치가들은 대부분 부자들이다. 때문에 어릴 적부터 사람들에게 머리를 숙여본 경험이 별로 없다. 오히려 사람들의 떠받듦을 받으며 자랐다. 그런 사람들이 일단 선거에 나오면 선거지역 주민들에게 굽실굽실 머리를 숙이고 부탁한다. 하지만 그들은 머리를 숙이면서도 결코 마음까지 숙이지는 않는다. 그저 당선되기 위해서는 무엇이든 할 수 있다고 생각하는 것뿐이다. 그렇게 생각하면 못할 게 없어진다. 따라서 그 자리에서는 잘난 척하지 않고 아무리 머리를 숙여 인사를 해도 그 건방진 태도는 그의 눈이나 몸짓 여기저기에서 드러나게 마련이다.

으스대는 사람, 건방진 사람은 일반적으로 출세지향 성향이 강하다고 할 수 있다. 그런 사람들의 공통점은 또 자기애가 강하다는 것이다. 자기는 잘났다고 생각하는 자기숭배 의식이 있어 더욱 위를 바라본다. 으스대는 태도는 '나를 특별취급하라'는 허세라고 볼 수 있다.

가령 이시하라 신타로(石原愼太郞) 도쿄 도지사(東京都知事)는 태도가 건방지고 으스대기 좋아하는, 권력욕이 강한 출세주의자로 그야말로 '자기애성 인격'의 대표자라고 할 수 있다. 그는 원래 작가였는데 애초부터 정치가로서의 자질이 더 두드러졌다. 늘 건방지고 위압적인 태도를 보이기 때문에 그의 주위에 있으면 그야말로 골치가 아프다. 자존심 따위는 엉망이 되어도 좋다고 생각하는 사람이 아니라면 그의 밑에서 일할 수 없을 것이라고 생각될 정도다.

그래도 그가 도지사로서 나름대로 인기가 있는 것은 위압적이고 강권적인 태도로 일괄하기는 해도 은행에 새로운 세금(외형표준과세)을 부과하는 등, 이제까지 정치가들이 쉽게 실행하지 못했던 일들을 실행했기 때문이 아닐까 싶다. 또 말하고 싶은 것은 다 뱉어내는 그의 태도가 보통 말하고 싶은 것을 참아야만 하는 때가 많은 일반인들에게는 통쾌하게 느껴지는 면도 있을 것이다.

그런데 그의 태도나 발언을 보고 있으면, 그는 언제나 자기가 제일이 아니면 직성이 풀리지 않는 사람이다. 그야말로 자신과잉인 사람인 것이다. 그는 상대가 자기와 다르다는 것을 말하거나 주장하면 쳐서 짓눌러버린다. 권력지향이 강한 '자기애성 인격'인 사람이라고 할 수 있다.

이런 사람이 가까이에 있으면 주위 사람들은 상당히 힘이 든다. 특히 부하직원의 입장이면 더욱 그렇다. 모두들 그 상사 말대로 하기 위해 혹사당하게 된다. 이시하라 신타로는 그야말로 으스대는 사람의 전형적인 타입이라 할 수 있다.

이처럼 으스대는 사람, 건방진 사람과는 상대하지 않는 것이 상책이다. 그러나 어쩔 수 없이 꼭 관계를 맺어야 하는 경우라면, 어느 정도 타협하는 수밖에 없다. 반항하면 불만스럽게 생각할 테고, 그렇다고 말려들게 되면 혹사당하게 된다!

자기애성 인격

현대인에게서 가장 흔히 볼 수 있는 인격 편향이다. '자기애성 인격'이 두드러진 사람들은, 자기는 특별한 재능과 미모를 갖고 있다, 독특하다, 따라서 누구에게든 칭찬을 받아야 하고 특별한 대우를 받아야 한다고 생각한다. 그렇기 때문에 타인에게 어떻게 평가되는가에 매우 민감하다. 다른 사람들에게 '자기를 특별한 인간으로 취급해 달라'는 요구를 완곡하게라도 표현하며, 그 사람이 자기 생각대로 특별 취급해주지 않으면 화를 폭발시킨다.

늘 '나는 특별하다'고 생각하고 행동하기 때문에, 다른 사람들이 보았을 때 태도가 불손하고 사람들과의 공감 능력이 부족하다. 타인에게 질투심을 갖기 쉽고, 오만해서 타인을 이용하려는 경향도 있다. 비대화한 자기애를 안은 채 가정에서 사회로 나온 이런 사람들은 직장에서건 어디에서건 문제를 많이 일으킨다.

이 인격 편향은 특히 명문대학을 나온 사람들에게서 자주 볼 수 있다. 그들은 명문대학을 나와 어디서든 일을 잘할 수 있을 것으로 믿고 취직을 한다. 그런데 막상 회사에 들어가면 어느 대학 출신이든 모두 같이 연수시키고, 동등하게 취급한다. 이것이 그들의 자존심을 상하게 한다. 능력이 뛰어난 자신을 부당하게 대한다고 생각하기 때문이다. 그들은 '나는 특별히 우수한 사람인데 왜 이런 사람들과 함께 이런 일을 해야 하는 걸까'라고 생각한다. 그런 불만이 쌓여 결국 출근거부를 하고, 경우에 따라서는 회사를 그만두기까지 한다.

이런 사람들은 자신이 능력 있다고 생각하기 때문에, 자신은 어느 곳에서든 받아줄 것이라고 믿는다. 따라서 회사를 그만두는 경우에도 미리 직장을 정하는 따위의 일은 하지 않는다. 자기 화나는 대로 그냥 그만둬버리는 것이다. 그만두고 나서 막상 직장을 찾게 되면 대개는 전 회사보다 조건이 떨어지는 경우가 많다. 그래서 옮긴 회사에서도 자기의 능력을 인정해주지 않는다면서 자존심 상해하다가 결국 다시 그만두게 된다. 이 같은 일을 반복해 직장을 옮길 때마다 회사의 규모도 작아지고 조건도 점점 나빠진다.

이렇게 자신이 인정받지 못한다고 느끼는 것을 반복해가는 중에 점점 마음이 침체되어 우울병에 걸리는 경우도 있다. 이런 경우에까지 이르면 비로소 '인격장애'라는 마음의 병과 직면하게 되는 것이다.

자기애가 강해져 결국 '자기애성 인격장애'에까지 이르는 데에는 두 가지 심리적 메커니즘이 작용한다.

우선 첫번째로는 어릴 적부터 부모에게 사랑받지 못하고 성장한 경우다. 부모에게 사랑을 받기는커녕 거추장스런 존재로 업신여김 받고 학대당하며 자란 아이들은 자존감에 상처를 입게 된다. 그런 아이들은 '나는 잘났다, 뭐든 잘한다' 라는 공상을 곧잘 한다. 그것으로 현실에서 상처 입은 자존심을 어떤 식으로든 보상받으려는 것이다. 현실 속의 비참한 자기 자신을 보상한다는 식의 자기애인 것이다. 아무리 '나는 잘났다'고 상상해도 현실 속 근거가 전혀 없는 것이기 때문에 공상은 얼마든지 크게 할 수 있다. 현실이 비참하면 할수록 공상적인 자기애도 커지지 않으면 마음의 상처가 치료되지 않기 때문이다.

가령 부모에게서 "공부도 못하고 무엇 하나 제대로 하는 게 없다"는 잔소리를 늘 듣는 아이가 있다고 하자. 부모로부터 그런 식의 대접을 받는 아이는 스스로 자기는 아무것도 할 수 없다는 생각을 하게 된다. 그런데 그러면 그럴수록 아이의 내면에서는 '사실 나는 공부 같은 건 조금만 해도 누구한테 지지 않는다, 무엇이든 다 잘할 수 있다' 라는 공상이 커진다. 실제로는 그런 능력이 보이지 않는데도 그런 자기애를 품는 것이다.

두번째는 어릴 적부터 부모(특히 모친)에게 특별취급을 받으며 자란 경우다. 언제나 원하는 것은 무엇이든 부모가 척척 들어주고, 공주나 왕자 같은 대우를 받으며 성장한 아이에게 '나는 특별하다' 라는 감각이 길러지는 것은 어쩌면 당연한 일일 것이다. 그야말로 갓난아이 같은 환상적인 자기애가 현실 속에서 바래지거나 상처 입는 일 없이 그대로 성장해 어른이 되는 것이다. 이것이 '자기애성 인격장애' 를 낳는 두번째 심리적 메커니즘이다. 요즘에는 압도적으로 두번째 경우가 많다.

<<<<< **CHECK POINT**

다음 9가지 항목 가운데 5가지 이상 해당되면, '자기애성 인격' 이라고 할 수 있다.

1. 자기는 특별하고 중요한 인간이라고 생각한다. 가령 자신의 재능과 업적이 별 볼 일 없는 것이라 해도, 그것을 과장하여 자기가 잘났다는 것을 사람들로부터 인정

받고 싶어한다.

2. 영원한 성공, 영원한 권력, 영원한 재기, 영원한 아름다움, 이상적인 사랑의 공상
   에 빠져 있다. 가령 자신은 재능 있고 잘났기 때문에, 어떤 성공도 생각한 대로 이
   루어지며 멋진 상대와 멋진 연애를 할 수 있다고 믿고 있다.

3. 자기는 특별하고 독특하기 때문에, 마찬가지로 특별한 사람들만이 자신을 이해
   하고 그런 사람들과만 관계를 맺는다고 믿는다. 즉 자기가 잘난 것은 자기와 같
   이 특별한 인간만이 알아볼 수 있는 것이라는 믿음이다.

4. 과도한 칭찬을 요구한다. 어쨌든 칭찬받지 못하면 무시당했다고 생각한다.

5. 자기에게는 특별한 권리가 주어졌다고 생각한다. 즉 자기에게는 특별히 유리한
   조치가 취해지는 것이 당연하고, 상대는 자기의 기대에 따르는 것이 당연하다는
   생각이다.

6. 자기의 목적을 위해 타인을 이용한다.

7. 타인과 공감하는 능력이 결여되어 있다. 즉 타인의 감정이나 욕구를 이해하지 못
   하고, 또 인정하려 하지도 않는다.

8. 자주 타인을 질투하고, 타인 역시 자신을 질투하고 있다고 믿는다.

9. 오만하고 거만한 태도와 행동을 보인다.

분명 당신 주위에도 위의 체크 포인트 가운데 몇 가지에 해당되는 사람이 있을 것이다. 5개까지는 아
니라고 해도 3,4개만 해당되면 그 사람은 충분히 자신을 특별하다고 생각하는 사람이라 할 수 있다.

입만 열면 자기 얘기, 자기 자랑

아마 당신의 상사 중에도 "예전에 내가 말이야……" 하는 식
의 이야기만 늘어놓는 사람이 있을 것이다. 이런 사람은 소위
과거의 영광에 매달려 있는 사람이다. 또, 다른 사람이 어떤
일에서 성과를 거둔 것을 보면 당장에 "난 이런 일을 하고 있
어" 하고 자기 얘기를 꺼내어 자기 자랑을 하는 사람도 있을
것이다. 이런 사람은 유달리 지기 싫어하는 사람이다. 언제나
사람들에게 대항하지 않고서는 견디질 못한다.

누구에게나 자기 자신에 대해 말하고 싶은 욕구는 조금씩 있

다. 그러나 그것이 너무 강해 밖으로 드러나게 되면 주위 사람들로부터 자기 주장이 강하다, 자기도취에 빠져 있다는 평을 받게 된다. 자기에 대해 여기저기 말을 하고 다니거나 잘난 척하는 이야기만 하는 사람은 언뜻 보기에 기가 강한 것처럼 생각되지만, 의외로 정신적으로 약한 사람들이다. 그들은 사람들이 자기를 인정해주지 않거나 하면 우울해지고 알코올중독이 되기도 한다.

물론 잘난 척하는 사람들 중에는 실제로 실력이 있는 사람도 많다. 그러나 단순히 허세를 부리는 사람의 정서는 불안하기 짝이 없고, 그 불안을 감추기 위해 오히려 사람들에게 강경한 자세를 보이거나 자기에 대한 이야기를 열심히 하고 돌아다닌다. 그러나 아무리 강하게 보여도 잘 관찰해보면 그 사람에게 강한 열등감이 있다는 것을 알 수 있다.

잘난 척만 하고 자기 이야기만 떠들어대는 사람은 '자기애성 인격'이나 '연기성 인격'이라고 할 수 있다. 특히 '연기성 인격'인 사람은 언제나 자기가 중심이 되지 않으면 견디지 못한다. 때문에 사람들의 주의를 자기 쪽으로 돌리는 능력이 뛰어나다. 또한 사물을 과장하여 표현하고, 자기에 대해서도 가능한 한 과장하여 표현하기 때문에 잘난 척하는 것처럼 보인다.

'연기성 인격'의 전형적인 타입은 연예인 마쓰다 세이코(松田聖子, 일본 연예잡지와 스포츠 신문을 먹여 살린다고 할 만큼 끊임없이 많은 스캔들을 일으킴)다. '연기성 인격'은 대부분 여성에게 나타나며, 남성에게서는 찾아보기 힘들다. '연기성 인격'의 사람들은 남자들을 유혹해서 마음대로 조종하려고 한다. 연예계에서 활약하는 여성들의 경우 '연기성 인격'인 사람이 많다고 할 수 있다. 모두에게 주목받고 싶은 욕망으로 배우나 가수, 탤런트가 되는 경우가 많기 때문이다. 이들은 본래부터 눈에 띄길 좋아하는 사람들이다.

보통 직장에 이 같은 '연기성 인격'의 사람이 있으면 정말 곤란하다. 그런 사람들은 대개 남성을 유혹하여 꼭 연애사건을 만든다. 그것도 자기에게 유리할 만한 상대만 고른다. 가령 사장에게 접근하여 유혹을 하곤 한다. 사장이 그런 여성에게 넘어가면 이상한 인사결정을 하고 일을 내팽개쳐서 회사가 엉망이 되어버릴 수도 있다. 그렇게 되면 주위 사람들은 아주 난처해질 것이다. '연기성 인격'인 여성은 동성을 싫어하기 때문에 여성들 속에는 잘 끼지 않는다. '나는 당신들보다 위에 있다' 라는 생각으로 "여자는 정말 싫다"고 트집을 잡으며 여성을 싫어한다.

똑같이 잘난 척하기 좋아하는 사람이라 해도 자기가 그 자리의 중심이 되지 않으면 직성이 풀리지 않는 타입은 '연기성 인격'인 여성이라 할 수 있고, 자기 주장이 강하고 자기도취에 빠져 있는 타입은 '자기애성 인격'의 남성이라고 할 수 있다.

연기성 인격

'연기성 인격'인 사람은 자기가 중심이 되지 않는 상황을 참지 못하며, 언제나 사람들의 주목을 끌고 싶어한다. 자기중심적이고, 자기의 능력이나 매력을 가식적인 태도를 취하여 강조한다. 하지만 이야기의 내용은 얕고 핵심도 없다. 그러면서도 언제 어디서나 자기가 중심이 되지 못하면 분노를 폭발시킨다.

이런 사람은 나이를 먹어 용모가 초췌해져 사람을 끄는 매력이 약해지거나 능력을 평가받지 못하는 상태가 되면 고독에서 오는 우울증과 알코올 의존증에 빠지기 쉽다.

여성의 경우 남자들 앞에서는 언제나 밝게 행동하고 매력적으로 보이려고 애쓰지만, 여성에 대해서는 쌀쌀맞고 오만하다. 이들은 심지어 병원에서조차 남성들에게 주목받기 위해 노력한다. 그리고 또 실제로 그녀들 주위에는 젊은 남자들이 늘 붙어 있고, 그녀는 그들에게 여왕처럼 행동하면서 잔심부름을 시키며 하인처럼 부린다.

<<<<< CHECK POINT

다음 8가지 항목 가운데 5가지 이상 해당되면, '연기성 인격'이라고 할

수 있다.

1. 자기가 주목의 대상이 아니면 즐겁지 않다.

2. 종종 성적으로 유혹적이거나 도발적인 행동을 취한다.

3. 감정표현이 얕고 변하기 쉽다.

4. 신체적인 매력 등 외견으로 사람들의 관심을 끌려고 한다.

5. 감정표현이 수준 이상인 대신 그 이야기에는 내용이 없다.

6. 과장된 태도와 감정표현을 즐겨 한다. 울어 보인다거나 작은 것에 크게 기뻐하는

것처럼 행동한다.

7. 주위 사람이나 환경에 쉽게 영향을 받는다.

8. 상대와의 관계가 그리 깊지 않아도 실제 이상으로 친밀한 관계가 있는 것처럼 생

각하고 허물없이 행동한다.

뻔한 거짓말을 밥 먹듯이

자기 자신을 돋보이게 하기 위해서 무의식중에 거짓말을 하는 사람들을 흔히 볼 수 있다. 즉 자기 능력에 대한 평가와 직결되는 사안에 대해서 아무렇지도 않게 거짓말을 하는 것이다. 물론 이런 거짓말은, 사람을 속이고 비방하려는 의도를 갖고 하는 사악한 거짓말과는 다르다.

막다른 곳에 몰린 사람일수록 그 상황을 피하기 위해 이런 거짓말을 하는 경우가 많다. 가령 대학 중퇴인데 "졸업했다"고 한다거나, 컴퓨터를 별로 잘 다루지 못하는데 "할 수 있다"고

한다거나, 할 수 없는 일도 아무렇지 않게 "할 수 있다"고 말한다. 즉 자기의 입장이 불안정한 사람일수록 자기를 지키기 위해서, 또는 지위를 조금이라도 올리기 위해서 거짓말을 하는 것이다.

자기 자신을 돋보이게 하기 위해 서슴없이 거짓말을 해대는 사람들은 주로 '자기애성 인격'에 해당한다. 하지만 이런 정도라면 사람들에게 크게 해를 주지 않는 거짓말이라고 할 수 있다.

아냐, 내가 하지 않았어, 난 그런 사람이 아니야!

이제 단지 '돋보이기 위한 거짓말'을 넘어선, 정말 심각한 거
짓말을 한번 살펴보자.

어린아이에게 어떤 마음의 문제가 생겼는데, 그 원인이 부모
의 학대에 있다고 생각되는 경우가 있다. 그러나 그 부모에게
아이를 학대한 일이 있느냐고 직접 물었을 때 사실을 솔직하
게 인정하는 경우는 없다. 실제로 아이를 학대하는 부모는 아
무렇지도 않게 거짓말을 한다. 아버지가 딸을 성적으로 학대
하여 딸이 다중인격이 된 경우에도 그 아버지는 "절대로 그런

일을 하지 않았다"고 주장한다. 이들은, "나는 그런 심한 짓은 절대 하지 않는다" "나는 도덕적인 사람이다"라고 주장하면서 끝까지 거짓말로 밀고 나간다.

이런 식의 거짓말을 하는 사람은 자신의 거짓말에 대해 아무런 죄책감도 느끼지 않는다. 왜냐하면 거짓말을 우겨대는 동안 자신도 그 거짓말을 믿게 되는 심리적 메커니즘이 있기 때문이다. 예를 들어, 살인을 범하고도 "나는 죽이지 않았다"고 주장하면서 스스로도 죽이지 않은 것 같은 기분이 들어 그것을 믿어버리는 것이다. 거짓을 주장하다보면 스스로도 그것을 믿게 된다. 그래서 살인을 저지르고도 살인을 저지르지 않았을 뿐만 아니라 더 나아가 '나는 인간적으로도 좋은 사람이고 다른 사람들에게 친절하다. 그런 짓을 했을 리 없다. 그건 어떤 오해일 것이다. 억울하다' 하는 생각으로까지 발전하는 것이다.

거짓말을 하다보면 그 거짓이 자기 속에서는 진실처럼 보인다. 처음에는 의식적으로 거짓말을 하지만 자기를 지키기 위해 그 거짓말을 믿는 쪽으로 가버리기 때문이다. 일종의 자기 최면이라고 할 수 있다.

거짓말을 한다고 해서 그 사람에게 도덕의식이 전혀 없는 것은 아니다. 아니 오히려 도덕, 즉 '좋은 행동, 나쁜 행동'을 알기 때문에 "나는 나쁜 짓을 하지 않았다"는 거짓말을 하고, 그것에 연연해하는 것이다. 이것은 도덕과 관련된 자기 방어라고 할 수 있다. 이러한 심리는 어린아이를 생각해보면 잘 이해할 수 있다.

어린애들은 뭔가 나쁜 짓을 하여 부모에게 혼이 났을 경우, 우선 "아냐. 내가 하지 않았어"라고 말하면서 어떻게든 부모에게 혼나는 상황을 피하려고 한다. 그리고 그렇게 말하다보면 아이 스스로도 자기는 잘못을 하지 않았다고 믿게 된다. 이럴 경우 증거가 있지 않으면 끝까지 부인한다. 특히 어린아이들은 상상력이 풍부하기 때문에 '나는 그런 나쁜 짓을 하지 않았어'라고 정말로 끝까지 믿게 된다. 따라서 아이들이 무언가 나쁜 짓을 했을 경우에는 그 자리에서 혼내야 한다. 그렇지 않으면 자기가 하지 않은 일로 혼이 났다고 생각하기 때문이다.

어른들도 아주 어려운 상황에 처하게 되면 심리적으로 어린아이로 돌아가 자기가 그런 나쁜 짓을 했다는 사실을 부인하려 한다. 심리적으로 성숙하지 않은 사람일수록 어린아이로 돌아가기 쉽다고 할 수 있다.

싫은 일, 괴로운 일에 직면했을 때 거기에서 도망치고 싶은 기분은 누구나 갖고 있다. 특히 스스로도 나쁘다고 생각하고 있는 일을 자기가 했다는 사실은 참을 수 없을 정도의 고통을 준다. 따라서 부인하고 싶은 것이다. 처음에는 스스로도 거짓말을 하고 있다는 사실을 알고 있다. 그러나 점점 그 거짓의 세계에 매달리게 되어 스스로도 그것을 믿어버리게 된다.

거짓말 탐지기도 그들의 거짓말은 믿는다

아무렇지도 않게 거짓말을 하는 사람들에겐 거짓말 탐지기도
별 소용이 없다.

거짓말 탐지기는 대개 전기 피부반사를 이용하는데, 그러니까
거짓말을 해서 긴장하면 전기 전도가 잘 되고, 거짓말을 하지
않을 때에는 전도 속도가 느려지는 원리를 이용하는 것이다.
거짓말을 하면 교감신경이 긴장해서 흔히 말하는 식은땀을 흘
리고, 그럼 전기가 통하기 쉽게 되는 것이다. 하지만 거짓말
탐지기로 거짓말의 여부를 가려낼 수 있는 것은 실제로 60%

정도이다.

긴장하기 쉬운 사람은 거짓말 탐지기로 조사를 한다는 자체만으로도 긴장을 해서 식은땀을 흘려 전도가 잘 될 수 있다. 반면 평상시 거짓말을 자주 하는 사람, 아무렇지도 않게 거짓말을 하는 사람은 거짓말을 해도 거짓말 탐지기가 반응하지 않을 수 있다. 가령 청문회 같은 곳에서 자기에게 불리한 상황에 대해 아무렇지도 않게 거짓 증언을 하는 정치가들을 보게 되는데, 그런 경우엔 아마도 거짓말 탐지기를 동원해서 증언의 진위 여부를 가린다는 것이 거의 불가능할 것이다.

즉 정직한 사람이 거짓말을 하는 경우에는 거짓말 탐지기로 알아낼 수 있다. 그러나 아무렇지도 않게 거짓말을 하는 사람, 다시 말해 스스로 자신의 거짓말을 믿어버리는 사람의 경우에는 거짓말 탐지기도 소용없다. 거짓말 탐지기도 그들의 거짓말을 믿어버린다.

상식이 거짓말 탐지기

상대방이 의식적으로 거짓말하는 것을 꿰뚫어 볼 수는 없지만, 우리는 그의 말과 태도가 일치하는지 여부로 그가 진실을 말하고 있는지 그렇지 않은지 알 수 있다. 말로는 '할 수 있다'고 하면서도 얼굴에 활기가 없고 몸이 축 쳐져 있다면, 그는 비록 하겠다는 의지가 있을지 몰라도 그의 상황이나 현실은 그렇지 못하다는 것을 간접적으로 보여주는 것이다. 경우에 따라서 다르지만, 비즈니스 자리에서도 상대가 거짓말을 하는지 알아내기 위해 그의 말뿐만 아니라 표정, 몸짓 등 전체를 관찰할 필요가 있다.

그러나 거짓말하는 것에 적응이 된 사람, 스스로도 그 거짓말을 믿고 있는 사람의 거짓말을 꿰뚫는 것은 결코 쉽지 않다. 거기에는 역시 경험도 필요할 것이다. 또한 번지르르한 말에는 덫이 있는 것처럼, 상식선에서 판단하는 것이 중요하다.

반사회성 인격

아무렇지도 않게 거짓말을 하거나 남의 물건을 슬쩍하고, 때때로 쉽게 폭력을 휘두르는 것이 '반사회성 인격'의 특징이다. 또한 사람의 기분을 이해하는 공감 능력이 부족하고 매우 쌀쌀맞고 가학적인 면이 있다.

나쁜 짓을 반복하면서도 죄책감에 사로잡히는 경우는 별로 없다. 따라서 불안해하거나 우울한 기분에 빠지지도 않는다. 사람의 기분을 이해하는 다정함, 사람을 사랑하는 능력이 부족하다. 그러나 상대의 안색을 살피면서 아무렇지도 않게 거짓말을 하며 사람을 조작하는 면에서는 뛰어나다. 때문에 겉으로는 굉장히 매력적으로 보이기도 한다.

<<<<< **CHECK POINT**

다음의 7가지 항목 가운데 3가지 이상 해당되면, '반사회성 인격'이라고 할 수 있다.

1. 사회적 규범을 따르지 못한다.
2. 사람을 반복하여 속인다.

3. 충동적이며, 장래의 계획이 서 있지 않다.

4. 쉽게 화를 내고 충동적이며, 폭력을 반복한다.

5. 자신은 물론 타인의 안전을 생각하지 않는다.

6. 무책임하고, 차분하게 한 가지 일이나 학업을 계속할 수 없다.

7. 타인을 다치게 하거나 따돌리면서도 반성하는 면이 없고 양심의 가책을 느끼지 않는다.

이런 사람은 변화되기 어렵다. 이들에게는 죄책감도 우울한 감정도 없는데다가 변화하려는 의지도 부족하기 때문이다.

세상 막 사는 사람?

언제까지나 청년기의 자유로운 기분 그대로 살고 싶어하는 사람들은 대체로 '경계성 인격'에 속한다. 이들은 기존 사회의 틀 속에서 사는 것을 싫어하는데, 거꾸로 얘기하면 바로 그런 성향 때문에 기존 사회로부터 따돌림을 당한다.

이런 사람들이 살아갈 수 있는 세계는 자유로운 기분이 통할 수 있는 세계다. 저널리즘이나 출판계, 연예계 등이 그런 삶의 방식이 허용되는 세계라고 할 수 있다(물론 이런 세계는 무척 제한적이다. 이런 세계에 발을 들일 수 없는 사람이 자유로운 기분으로 살아가려면 일정한 직업을 갖는 일을 아예 포기해야 할 것이다).

가령 기타노 다케시(일본의 코미디언·영화감독, 한국에서 처음으로 공식 상영된 일본영화 〈하나비〉의 감독)는 '경계성 인격'이라고 할 수 있다. 다만 그 특징이 강하게 표출되지 않는 것은 자신의 그런 기질을 지성으로 적절히 제어하기 때문일 것이다. 젊은 시절 그는 상당히 거칠었다고 한다. 아마도, 여성과 교제를 하면서도 여전히 애정에 굶주려 하며, 또 언제 죽어도 좋다는 생각으로 살아오지 않았을까 싶다. 그런 성향이 일명 '프라이데이 사건'(1986년 잡지 『프라이데이』가 다케시와 사귀는 어느 여대생의 사진을 게재하자, 그를 떠받드는 후배 코미디언들로 구성된 일명 '다케시 군단'의 조직원들이 잡지사 편집실로 쳐들어가 기자들을 집단 구타한 사건)으로 불리는 사건과 오토바이 사고(1994년 오토바이 사고로 죽음의 고비를 넘김)에 잘 나타나 있다고 생각된다.

현재의 그의 활약은 아마도 그런 위태로운 상황을 겪어냈기 때문에 더욱 돋보이는 것인지도 모른다. 그는 매우 위험한 상황에서도 어떻게든 버텨냈고, 지금도 버티고 있다. 그런 어떤 균형이 탤런트로서 또 영화감독으로서의 그의 능력과 매력의 원천이 아닐까 생각된다.

그는 자기의 충동 기질을 지성으로 커버하고 있다. 그는 개그 탤런트이지만 그 웃음에는 고통이 담겨 있다. 그 본질은 아마도 자기 자신마저 상대화하여 웃어넘기려는 듯한 태도일 것이다. 그런 의미에서 매우 허무적이다. 나는 실제로 방송국에서 몇 번인가 그를 본 적이 있는데, 가령 얼굴은 웃고 있어도 눈은 웃지 않고 매우 차가운, 약간 기분 나쁜 인상이었다.

'다케시 군단'이라 하여 후배와 제자도 많이 따르고, 또한 여성에게도 인기가 있는 걸 보면, 그에게는 확실히 사람들을 돌볼 줄 아는 면이 있다. 그러나 내면은 상당히 냉정하지 않을까 생각된다. 따라서 친하게 그의 주위에 있으면서도 그의 가학적인 면에 당황하게 되는 경우도 종종 있을 것으로 생각된다. 그는 타인뿐만 아니라 자기 자신도 차가운 눈으로 바라보고 있어서, '산다는 것은 겨우 이런 것인가' 하는 허무한 생각을 떨쳐버리지 못한다. 그는 그야말로 연예인이기 때문에, 그리고 재능이 있기 때문에 살아갈 수 있는 사람이다.

충동적이고 감정의 기복이 심한 사람들 중에는 기타노 다케시처럼 보기 드문 재능을 갖고 세상을 살아가는 사람들이 종종 있다. 젊은 시절에는 거칠었지만 나이를 먹어가면서 자연스럽게 성숙하고 이에 따라 격한 충동 기질도 잠잠해진다.

물론 그렇지 않은 경우도 있다. 자신의 충동 기질의 격렬함 때문에 젊어서 죽고 마는 사람도 많다. 무사히 젊은 시절을 넘겼다 해도 그 충동 기질과 함께 재능마저 시들어버리는 경우도 자주 있는데, 기타노 다케시의 경우는 50대가 되어 그 충동 기질을 '영화'라는 예술성 속에서 발휘하며 균형을 잡고 살아가는 아주 드문 예라 할 수 있다.

경계성 인격

'경계성 인격' 인 사람은 매우 충동적이고 감정의 기복이 심해 대인관계도 항상 불안정한 편이다. 일시적으로는 상대를 좋게 평가해도 최종적으로는 상대를 매도하여 대인관계를 무너뜨리기 때문에 좋은 관계를 지속하지 못한다.

이들은 스스로 대인관계를 무너뜨리기 때문에 점점 고독해진다. 그러면서도 고독에는 약해서 자신이 상대를 떠나게 만들고는 다시 그를 붙잡는다. 애정욕구가 강해 어린아이가 엄마를 원하는 것처럼 상대의 애정을 끊임없이 원한다. 하지만 그 이면에는 언제나 자기를 버리지 않을까 하는 강한 불안이 작용하고 있다.

아이들은 보통 2,3세가 되면 또래들과 놀게 되면서 다소 엄마에게서 떨어지려는 경향이 생긴다. 이 시기에 아이가 떨어지는 것에 대해 엄마가 심하게 불안해하거나 과보호하여 그것을 막으면, 아이의 자립을 저해하여 결국 아이가 엄마와 분리되는 불안을 극복할 수 없게 된다.

'경계성 인격' 인 사람은 대인관계뿐만 아니라 무슨 일을 해도 제대로 하지 못하고 좌절하는 경우가 많다. 공부나 일도 끝까지 해내질 못한다. 능력이 있다 해도 언제나 어중간하게 끝을 내고 만다. 그래서 허무감이 짙어지고, 죽고 싶다는 생각이 강해져 충동적으로 자살을 시도하는 경우도 종종 있다. 그리고 이런 감정들은 종종 우울증으로 연결되기도 한다. 그때그때의 욕망대로 행동하고 자기가 정말 무엇을 하고 싶어하는지 확실히 알지 못하기 때문에, 충동 기질이 강하고 그 충동을 억제하고 컨트롤할 힘은 약하다. 그런데 이런 사람은 남성보다 여성 쪽에 더 많으며, 유전되는 경향도 있다.

<<< CHECK POINT

다음 9가지 항목 가운데 5가지 이상 해당되면, '경계성 인격'이라고 할 수 있다.

1. 애정욕구가 강해 상대가 자기를 떠나려 하면 그것을 막기 위해 이상하리만치 노력하고, 또 화를 낸다.
2. 사람에 대한 평가가 양극단으로 흔들리며 대인관계가 매우 불안정하고 격해지기 쉽다.
3. 주체성이 약해 일관된 자기 이미지를 갖고 있지 못하다.

4. 충동구매나 충동적인 섹스, 약물남용, 과식, 무모한 운전 등을 한다.

5. 자해행위나 자살을 빌미로 한 협박과 행동을 반복한다.

6. 감정이 지극히 불안정하여 보통은 2,3시간 간격으로 기분이 변하고 2,3일 이상 감정이 지속되는 일이 드물다. 구체적으로는 우울한 기분에서 초조함이 강해져 점차 불안과 불쾌감이 강해진다.

7. 계속되는 허무감에 시달린다.

8. 부적절한 격한 분노를 안고 있고 그것을 컨트롤하지 못한다. 그 때문에 물건을 부수고 사람을 때리는 격한 행동을 반복한다.

9. 스트레스가 쌓이면 망상을 품고 다중인격 등 신경증의 징후를 보인다.

'경계성 인격'인 사람은 그때그때의 욕망에 따라 행동하는데, 자기가 정말로 무엇을 하고 싶어하는지 잘 알지 못한다. 그야말로 소비사회의 부산물이라고 할 수 있다. 게다가 애정욕구는 유아처럼 강하고 고독에는 약하다. 현대사회가 만들어내고 있는 인격 편향이라고 할 수 있다.

의심이 많은 사람은 이성과 짝지어 일해야

타인에게 흥미가 없고 자폐적인 성향이 있는 사람들이나 신비
로운 생각에 사로잡히기 쉬운 사람들은 혼자 있는 것을 좋아
하기 때문에, 가능한 한 사람들과 관계하고 싶어하지 않는다.
이들에게는 혼자서 성실하게 할 수 있는 일이 적합한데, 때문
에 이런 사람들과 팀을 이뤄 일을 해야 하는 상황이라면 함께
팀을 이룬 사람들이 여러 모로 힘들게 된다.

신비로운 생각에 사로잡히기 쉬운 사람들은 기묘하고 이상야
릇한 사이비종교 교도 같은 말을 한다. 자기 육감에 의하면 자

기가 회사를 만들면 꼭 성공한다, 그러니까 이쪽으로 오지 않겠느냐 하는 따위의 이야기들 말이다. 이런 말들을 정말로 믿으면 낭패를 보게 된다. 이런 사람들은 그럭저럭 살아갈 수는 있지만, 그래도 보통 사회에서는 쉽게 통용되지 않는 타입의 사람들이라고 할 수 있다.

타인에게 흥미가 없고 자폐적인 성향이 있는 사람에겐 컴퓨터 관계 분야의 혼자서 할 수 있는 일이나, 또는 일단 들어가면 어지간해서는 해직당하지 않는 공무원 등의 직업이 적합하다. 사람을 쉽게 의심하는 사람은 주위 사람들이 더 애를 먹게 된다. "요즘 무슨 좋은 일 있나 봐" 하고 관심을 보여도, 의심이 강해서 '사실 저 사람은 내가 최근 일을 게을리 하고 있다고 생각하기 때문에 일부러 저런 말을 하는 걸 거야' 라고 생각해 버리기 때문에 사람들과의 원만한 관계가 이뤄지기 힘들다. 이들은 무슨 말이든 곧이곧대로 듣지 않고 나쁘게 해석한다. 또 질투가 많고 원망하는 마음이 강하며 상당히 정력적이기 때문에 그 상대가 누구든 상관없이 온갖 원통한 심정을 터뜨

린다. 이런 사람과 같이 일을 하게 되면 질투나 원한의 대상이 되든지, 아니면 온갖 원통한 이야기들을 들어줘야 하는 꼴이 되든지 한다.

그런데 이들은 의외로 열심히 공부하는 정력적인 사람들이기 때문에 나름대로의 실력을 발휘하는 경우도 많다. 이들은 동성인 경우 경쟁심이 더욱 강하게 발동하여 상대에 대한 의심으로 함께 일하기 어려운 지경이 되기도 한다. 그러나 이성의 경우에는 다소 경계심을 풀기 때문에 팀을 이뤄 일을 해도 비교적 큰 어려움 없이 일을 해나갈 수 있다. 따라서 이들은 동성보다는 이성과 팀을 이뤄 일을 하는 편이 좋다.

분열증질 인격

'분열증질 인격'에 해당하는 사람은 타인에게 관심이 없어 실제로 친한 친구나 애인도 없는 경우가 많다. 감정이 있는지 없는지 옆에서 봐도 알 수 없을 정도다. 다시 말해 감정의 움직임을 사람들에게 거의 보이지 않는 사람이다.

타인이 자기를 칭찬하든 비판하든, 자기에 대한 다른 사람들의 감정에 무관심하다. 자폐적이고 고독하며 취미다운 취미도 없고 뭔가에 열중하지도 않는다. 주위 환경과 사람들의 의견에도 무관심하기 때문에 그런 면에서는 스트레스를 그다지 받지 않는 편이다.

사람들과 교제를 즐기지는 않지만 나름대로 잘 살아갈 수 있다. 단단한 껍질에 갇혀 있는 것과 같기 때문에 분열증이 될 위험성은 희박하지만, 그대로 그 껍질이 깨지거나 하면 위험할 수도 있다. 이런 사람은 성격을 무리해서 바꾸기보다는 자기 성격 그대로 살아갈 수 있을 만한 곳을 찾는 것이 중요하다.

<<<<< **CHECK POINT**

다음의 7가지 항목 가운데 4가지 이상 해당되면, '분열증질 인격'이라고

할 수 있다.

1. 가족을 포함하여 타인과 친밀한 관계를 갖고 싶다고 생각하지 않으며, 그것을 즐겁다고도 느끼지 않는다.

2. 언제나 고립되어 행동한다.

3. 사람과 성적인 관계를 갖는 것에 흥미가 거의 없다.

4. 취미나 즐거움을 느낄 만한 활동에 거의 관심이 없다.

5. 친형제 외에는 친한 사람도 없고 신뢰하는 사람도 없다.

6. 타인의 칭찬과 비판에 무관심해 보인다.

7. 정서적으로 데면데면하고 쌀쌀맞다.

분열증형 인격

'분열증형 인격' 역시 자폐적인 성향이 있어 고립되기 쉽다. 게다가 신비로운 것에 빠지는 경향이 크다. 가령 텔레파시나 오컬트 (occult)를 믿고 신흥종교의 기묘함에 빠지곤 한다. 그래서 때때로 '투시능력이 있다'라든가 '사람의 생각을 꿰뚫는다'라는 등의, 상식으로는 이해하기 어려운 언동을 하기도 한다. 또는 '이 사람 왜 갑자기 이런 말을 할까' 하는 생각이 들 정도로 전혀 엉뚱한 얘기를 갑자기 꺼내기도 한다.

<<<<< **CHECK POINT**

다음 9가지 가운데 5가지 이상 해당되면, '분열증형 인격'이라고 할 수 있다.

1. 자신과 관계없는 타인의 언동도 멋대로 자신과 관련지어 일방적으로 반응한다 (이를 '관계염려'라고 한다). 모든 것이 자기와 관계가 있다고 생각하는 경향이 있어, 어떤 사람이 이야기하고 있는 것을 보면 자기 이야기를 하고 있는 것이라고 생각한다.

2. 미신에 빠지기 쉽고, 자기에게는 텔레파시 능력이 있고 육감이 발달했다고 주장
한다. 주술적인 사고와 기묘한 공상을 믿는다.

3. 상식 이상의, 종교적이라 할 수 있는 신체체험과 지각체험이 있다고 믿고 있다.

4. 사고방식과 이야기하는 방식이 기이하다. 가령 이야기가 애매하고, 빙빙 둘러말
하고, 추상적이며 틀에 박힌 양식에다가, 무엇에든 너무 구애된다.

5. 의심을 잘하고 망상을 많이 한다.

6. 감정이 부적절하고 부족하다. 가령 태도가 쌀쌀맞고 맞장구를 치는 등의 몸짓이
나 표정이 거의 없다.

7. 다른 사람이 보았을 때 '이 사람, 왜 지금 갑자기 이런 말을 하지?' 라는 생각이
들 만큼 기묘한 행동을 보인다.

8. 부모자식 관계 이외에는 친한 친구나 신뢰하는 사람이 없다.

9. 사회에 대해서 언제나 지나친 불안을 품고 있다. 그것은 자기비하에서가 아니라
대부분이 망상에 가까운 공포에서 연유된 것으로, 익숙해진다고 없어지는 것이 아
니다.

망상성 인격

'망상성 인격'은 주위 사람들이 자기에게 불리한 무슨 계략을 꾸미고 있지 않을까, 자기를 얕보는 것은 아닐까, 등등 항상 남을 의심하며 전전긍긍해 하는 성격이다. 사람들이 대수롭지 않게 자기 얘기를 하는 걸 언뜻 듣기만 해도 '역시 내가 잘 되는 걸 방해하려는 거야'라고 믿어버린다.

이런 사람은 시의심이 강한 만큼 질투심 역시 아주 강하다. 또 자기 아내나 남편도 믿지 못해 때로는 상대가 바람을 피우지 않을까 하여 뒷조사를 하기도 한다. 그리고 회사에서는 동료나 부하가 상사와 짝짜꿍이 되어 자기를 몰아낼지도 모른다는 의심을 늘 품고 지낸다. 현실과 동떨어진 망상은 아니지만 의심은 늘 망상과 이어져 있다.

<<<<< **CHECK POINT**

다음의 7가지 항목 가운데 4가지 이상 해당되면, '망상성 인격'이라고 할 수 있다.

1. 충분한 근거가 없는데도 타인이 자기를 이용하거나 위해를 가하려 한다고 믿는다.
2. 친구들의 성실함과 신뢰를 부당하게 의심하며 거기에 집착한다.

3. 뭔가 정보를 말하면 자기에게 불리하게 사용될 것 같아 타인에게 비밀을 털어놓으려 하지 않는다.

4. 악의 없는 사람들의 말과 아무렇지도 않은 행동에 대해서도 자기를 비방하거나 협박하는 의미가 있다고 생각한다.

5. 모욕당하거나 상처 입는 일이 생기면 그 분함을 계속 품고 있다.

6. 자기의 평가나 소문 등에 과민하게 반응하며, 그것을 자신에 대한 공격이라고 생각하기 때문에 쉽게 화를 내거나 역습한다.

7. 아무런 근거가 없는데도 배우자나 애인에 대해 '다른 사람이 있는 게 아닐까' 하는 의심을 품는다.

이런 상사들 누가 좀 안 잡아가나

기업의 윗자리까지 올라갈 가능성이 가장 높은 성격은, 자기
자신을 특별하다고 생각하는 '자기애성 인격'이다. 이런 성격
은 중소기업의 독재적인 사장에게서 가끔 볼 수 있다. 자기 힘
으로 회사를 이만큼 크게 만들었다는 자부심이 강하기 때문에
'나는 잘났다'라는 자기애가 강하다. 이런 사람들은 제멋대로
인 경향이 있기 때문에 부하직원을 차갑게 대하는 편이다. 물
론 그들은 실력 있는 상사다. 실제로 실력이 없다면 회사를 유
지해 나가지도 못한다. 그러니까 능력도 있지만 그래서 거만

하기도 한, 그런 사람이다.

시의심이 강한 '망상성 인격'인 사람은 늘 시의심에 사로잡혀 부하를 의심한다. 그런 의미에서는 자기애가 강한 타입 쪽이 망상적인 사람보다 낫다고 할 수 있을지도 모른다. 어쨌든 두 경우 모두 상사로 대하기가 그렇게 용이한 성격들은 아니다.

보통 출세해서 윗자리에 오르기까지는 성격적 특징이 억눌려 있다가, 자리가 올라감에 따라 억눌려 있던 면이 해방되어 노골적으로 드러나는 경우가 많다. 어느 정도 적당히 성격을 억누르지 못하면 출세는 불가능하기 때문에 성격에 편향성이 강한 사람은 그만큼 자신을 억압하고 있는 힘도 강하다고 할 수 있다. 그래서 보통 나이를 먹을수록 인격적으로 성숙해가는데 반해 나이를 먹고 사회적 지위가 높아질수록 성격이 점점 겉으로 드러나게 되는 것이다.

완벽주의 성향이 강한 '강박성 인격'인 사람은 규칙을 좋아하고 질서를 좋아한다. 물론 자기 입지가 형성되기 전에는 그러한 성향을 잘 드러내지 않는다. 하지만 일단 자기가 어느 정도 생각대로 행동할 수 있는 입장이 되면, 부하직원들에게도 자기가 갖고 있는 완벽주의를 강요하게 된다. '강박성 인격'인 사람은 예의가 바르기 때문에 그렇게 친하지 않은 상대에게는 겸손하게 보인다. 그러나 일단 그 사람의 부하직원이 되면 '아니, 그렇게 겸손하던 사람이!' 하고 놀랄 만큼 변모한다.

비교적 공무원에 '강박성 인격'인 사람이 많다고 할 수 있다. 공무원 세계는 성실히 규칙에 맞게 일을 하면 되는 그런 세계이기 때문에 완벽주의자들이 일하기에 적합하다. 지위가 낮은 공무원일수록 거만해서 시민들이 불쾌감을 느낄 때가 많다고 하는데, 위에서 억눌리기 때문에 그 불만이 으스댈 수 있는 곳에서 으스대는 식으로 나오는 것이라고 볼 수 있다.

그에 비해 지위가 높은 상급 공무원은 시민들에게 그다지 거만하다는 인상을 주지 않는데, 그것은 그들이 하급 공무원들에 비해 일반 시민들과의 접촉이 매우 드물기 때문이라고 할 수 있다.

관료나 공무원 중에는 강박관념이 강하고 질서를 잘 지키는 완벽주의자들이 많다. 그리고 그중에서도 자기애가 강한 사람들이 거만하다. 그들은 자기애적 성향이 강해 출세 지향성도 강하다. 일반적으로 나누어 보았을 때, 하급관료들에게선 '강박성 인격'이 많이 나타나고 상급관료들에게선 강박적인 면을 가지고 있는 '자기애성 인격'이 많이 나타난다.

아첨 좋아하는 상사는 정신적 미숙아

자기에게 아첨 떠는 사람만 등용하는 사람이 조직의 윗자리에 앉아 있다면, 그 조직은 당연히 쇠퇴한다. 오랫동안 으스대는 상사 밑에서 억눌려 지내면서 꾹 참기도 하고 때로는 아첨을 떨면서 살아온 사람이 윗자리에 올라가게 되면 의외로 그런 식으로 행동하기 쉽다. 또 자기 주위에 아첨 떠는 사람들만 두는 사람은, 가령 그가 실력 있는 사람이라 해도 사람들로부터 칭찬받지 않으면 일을 할 수 없는 사람으로, 그런 의미에서 정신적으로는 자립하지 못한 사람이라고 할 수 있다.

이런 사람이 윗자리에 있는 조직에서는 아첨을 잘 떨지 못하는 사람이 지내기가 매우 힘들다. 당연히 칭찬도 받지 못할 뿐더러 무슨 일이 생기게 되면 좌천당하기 쉽다. 이럴 때는 자기 주장을 억누르고 등거리(等距離) 외교를 하며 조직 속에서 살아남든지, 해야 할 말을 하고 받아들여지지 않으면 그만둬도 좋다고 마음을 고쳐먹는 수밖에 없다.

자기 의견과 다른 의견을 말하고, 말하기 껄끄러운 부분도 서슴없이 이야기하는 사람이야말로 주위에 두어야 할 사람인데, 보통은 그렇게 하기가 어려운 것이다.

변덕스런 상사가 차라리 편하다

말을 계속 바꾸는 사람이 있다. 이런 사람 밑에서 일하는 것 역시 견디기 힘들다. 변덕스러워서 금방 자신이 세운 방침을 바꾸고 싶어하는 사람은 조증과 울증 상태를 번갈아 반복하는 사람들이다. 이들은 일반적으로 유머가 풍부하고 인정미가 있어 사람들에게 호감을 준다. 따라서 인망도 있고 출세도 하는 타입이라고 할 수 있다. 다만 변덕스러워서 그날그날의 기분에 따라 말하는 것이 계속 바뀐다는 것이 곤란한 점이다. 그리고 이들은 체면치레를 하는 경향이 있어 지위가 올라감에 따라 그 지위에 어울린다고 생각하는 행동을 하려고 한다. 어떤 면에서는 저속한 면이 있다고 할 수 있다.

이들은 조금만 치켜세워 기분을 좋게 해주면 금세 우쭐해진다. 상대방이 아부를 하고 있다는 걸 알면서도 기분이 좋아지고 만다. 도박을 하면 큰돈을 부어넣는 스타일이다.

그에 비해 '강박성 인격'인 사람은 치켜세워도 별 효과가 없다. 오히려 '이거 너무 심하게 치켜세우는 걸' 하고 불신감을 갖는다. 이들은 돈을 쓰기보다는 저축을 하는 구두쇠 타입으로 모험을 즐기지 않는다. 도박에서 요행을 바라는 사람은 '경계성 인격장애'에 가까운 타입으로, 이들은 젊은 시절에 충동적이고 거칠었던 사람들이다. 이들은 부정적인 결과를 생각하지 않는다. 긍정적인 방향으로만 생각하기 때문에 도박을 할 경우에도 따는 경우만 생각한다. 그에 비해 '강박성 인격'인 사람은 손해를 보면 어쩌나 하고 부정적인 쪽으로만 생각한다.

변덕이 심한 사람은 일반적으로 낙천적이어서 손해를 봐도 그다지 푸념을 하진 않는다. 그래서 어떤 면에서는 이런 사람의 부하직원으로 일하기가 더 쉽다. 단 금방 말한 것을 바꾸거나 변덕이 심하기 때문에 그것을 주의해야 한다. 반대로 강박관념이 심한 상사인 경우에는 무엇이든 말대로 하지 않으면 기분 나빠하기 때문에 신경이 많이 쓰인다. 이럴 땐 치켜세워도 별 효과가 없다.

한턱내는 데도 벌벌 떠는 상사

일과 사생활을 분명하게 나눠서 직장 사람들과 관계를 맺는다면 문제가 되지 않지만, 아무리 선을 그으려고 해도 직장 사람들과의 관계는 사생활에 어느 정도 영향을 미치게 마련이다. 가령 월급 받기 전날에 꼭 돈을 빌리려는 직장 동료가 당신 주위에도 한둘은 있을 것이다.

돈 씀씀이가 헤프냐 아니냐 하는 것에도 당연히 성격이 나타난다. '강박성 인격'인 사람은 구두쇠이기 때문에 자기가 다른 사람에게 돈을 빌리는 경우도 거의 없지만 빌려주는 것은 더욱 싫어한다. 물론 사람들에게 한턱내는 것도 꺼려한다. 따라서 그런 상사라면 우선 부하를 데리고 한잔 하러 가는 일도 없을 것이다.

그것도 재미없는 일이겠지만, 씀씀이가 헤픈 사람이 옆에 있으면 생각지도 못한 피해를 당하는 경우가 있다. 병적으로 돈의 씀씀이가 헤픈 사람 중 대표적인 경우가 쇼핑 의존증이다. 심한 경우 하루에 몇 백만 원이나 되는 돈을 물건을 사는 데 소비하곤 한다. 그래서 눈 깜짝할 사이에 몇 천만 원 단위의 카드 빚을 안고 파산하게 되는 것이다. 이것은 어떤 불만 때문에 우울해진 기분을 돈을 척척 쓰면서 해소하려는 데서 기인한 현상이다. 물론 이것은 의식적인 행동이 아니다. 저절로 그런 행동으로 발산되는 것이다.

부하직원들에게 한턱내는 것을 좋아하는 성격은 조울증에 걸리기 쉬운 사람인 경우가 많다. 이들은 몸의 상태가 좋을 때에는 대담해져서 돈을 척척 쓰며 다른 사람들에게도 한턱내고 싶어한다.

반대로 부하직원들에게도 더치페이를 시키는 사람은 '강박성 인격'이다. 정확하게 규칙을 지키지 않으면 안 되는 구두쇠로, 사람들에게 한턱내는 일도 쉽지 않다. 그리고 꼭 한턱내야만 하는 상황에서는 고민을 한다. 이런 사람은 상대가 여성이라고 해서 돈을 후하게 쓰는 일도 없다. 이들은 절대로 자기 호주머니에서 돈을 꺼내지 않는다.

돈의 씀씀이가 헤프냐 아니냐 하는 것은 원래 타고난 기질도 크게 영향을 미치지만 자라온 환경도 크게 영향을 미친다. 부모가 검소하고 알뜰한 생활을 할 경우 그 자녀들도 돈을 함부로 쓰는 것에 죄의식을 느끼는 경우가 많다. 반대로 가난한 생활환경에서 자라 그것이 싫어서 돈 씀씀이가 헤퍼진 경우도 있다. 따라서 같은 환경에서 자랐다고 해도 그 영향이 드러나는 방식은 다르다. 거기에다 그 사람의 성격이 영향을 미친다.

강박성 인격

한마디로 말해서 무엇이든 완벽하게 하지 않으면 직성이 풀리지 않는 강박관념에 사로잡힌 사람이다. 사물의 세부적인 것에 집착하고 규칙을 엄수하며 스케줄을 정확히 지킨다. 또한 일하는 것을 최고의 가치라 여겨 노는 것을 낭비라고까지 생각한다. 뿐만아니라 지나치게 신중하기 때문에 결단이 늦는 편이다.

타인에 대해서도 자기와 같은 완벽 추구를 요구하기 때문에 대인관계에서 문제를 일으키기 쉽고, 그 때문에 인간관계를 원만하게 이끄는 편은 아니라고 할 수 있다. 무엇이든 완전하게 하지 않으면 안 된다는 생각이 강해서, 일이 조금이라도 제대로 되지 않으면 불안해지고 우울해진다. 또한 물건을 소중히 하고 저축하는 것에 집착하는 경향이 있어 구두쇠로 보일 수도 있다. 정서적으로 팍팍하고 너그러운 면이 부족하다. 이들은 변화를 싫어하기 때문에 새로운 것을 창조하는 일보다는 세세한 일을 정확히 해결해야 하는 일에 어울린다. 집안도 늘 깨끗이 청소되어 있고 정리정돈되어 있지 않으면 직성이 풀리지 않는 편이다. 때문에 가족들은 아주 피곤할 수 있다.

다음 8가지 항목 가운데 4가지 이상 해당되면, '강박성 인격' 이라고 할 수

있다.

1. 작은 것(규칙, 세부항목, 순서, 예정)에 얽매여 정작 중요한 일은 놓치고 만다.

2. 무언가 하나라도 만족스럽지 않으면 일을 끝내지 못한다.

3. 친구관계나 자신의 즐거움을 희생하면서까지 일에 빠진다.

4. 한 가지 도덕, 논리, 가치관에 집착하여 융통성이 없다.

5. 특별한 추억이 담겨 있지도 않은 쓸모없는 물건도 그것이 오래된 물건이라면 잘

버리지 못한다.

6. 상대가 자기 방식을 따르지 않는 한 타인에게 일을 맡길 수도, 타인과 함께 일을

할 수도 없다.

7. 금전적으로 스스로에 대해서도 타인에 대해서도 구두쇠다. 장래의 파국에 대비해

돈을 모아 두어야 한다고 생각한다.

8. 완고하다.

이들은 우울증이나 강한 공포 혹은 불쾌감을 일으키는 일종의 '공황장애'를 일으키기 쉽다.

아무것도 할 줄 모르는 응석받이

매사에 자신 없어 하는 사람 역시 함께 일하기엔 좀 꺼려진다.

그런 사람들을 옆에서 보고 있노라면, '좀더 자신을 갖고 해

보면 좋으련만' 또는 '좀더 열심히 하지' 하는 생각이 든다.

이들은 실제로 업무능력도 없고 대인관계도 서투르다.

또한 이들은 끊임없이 푸념한다. 이를테면 이런 식이다.

"아내는 나와 별거하고 싶다고 하는데 지금 같은 상태로는 그

것도 하는 수 없을 것 같아."

"별거하고 싶지 않으면 하고 싶지 않다고 확실히 말하면 될

거 아냐."

"아니, 그런 말을 해도 내 얘기는 들어주질 않아. 내가 요만큼 말하면 그것이 배가 되어 되돌아오니까."

직장에 대해서도 이렇게 말한다.

"직장에서는 너 같은 건 빨리 그만둬라 하는 식으로 신통치 않은 일만 시켜. 하지만 신통치 않다고 해서 그만둬버리면 더 이상 할 일도 없을 테고, 그렇게 되면 고향으로 돌아가 농사라도 짓는 수밖에 없어서……."

이런 사람들은 능력이 없을 뿐만 아니라 정신적으로도 매우 미숙해서 무엇이든 스스로 결정하지 못한다. '의존성 인격'이라고 할 수 있다. 어릴 적부터 무슨 일이든 부모가 결정을 해주었고, 전폭적으로 부모에게 의존해 살아왔다. 직장도 부모가 택해주는 대로 따랐다. 결혼 역시 부모가 권한 중매결혼을 했다. 그러니 결혼 후에는 그 부인이 그의 부모 역할을 대신할 수밖에 없을 것이다. 이렇게 되면 누가 이런 사람과 살고 싶어 하겠는가.

의존성 인격

이들은 스스로에게 자신이 없고 무엇이든 타인에게 의존하며 그들이 결정해주길 바란다. 심한 경우 스스로 의사결정을 전혀 할 수 없거나 타인에게 응석을 부리지 못하면 정신적으로 불안정해지기도한다. 그래서 의존해오던 상대가 없어졌을 때 우울증에 걸리는 수도있다. 이들은 자립하기가 매우 힘든 사람들이다.

<<<<< CHECK POINT

다음 8가지 항목 가운데 5가지 이상 해당되면, '의존성 인격'이라고 할수 있다.

1. 아주 일상적인 일도 다른 사람의 지나칠 정도의 조언과 '괜찮다'라는 보증이 없으면 결정하지 못한다.
2. 자기 생활의 중요한 부분도 타인에게 책임을 지게 한다.
3. 사람들에게 지지를 잃을 것이 두려워 타인의 의견에 반대하지 못한다.
4. 스스로의 판단과 능력에 자신이 없어 자기 생각으로 계획하여 일을 시작하지 못한다.
5. 타인에게 아부하고 싫은 일, 불쾌한 일까지 자처한다.

6. 스스로 아무것도 할 수 없다는 불안 때문에 혼자가 되면 공포감과 무기력을 느낀다.

7. 사별, 생별을 불문하고 친한 관계를 잃었을 때 그를 대신할 다른 관계를 필사적으로 찾는다.

8. 누구의 보살핌도 받지 못하고 내버려졌다는 공포에 휩싸이기 쉽다.

회피성 인격

이들은 불안과 공포가 특히 강한 사람들이다. 타인에게 받아들여지지 않거나 상처 입을 것을 피해 자존심이 상하는 상황은 만들지 않는다. 자신에 대한 부정적인 평가에 매우 민감하기 때문이다. 그래서 자기가 틀림없이 받아들여진다는 확신이 없는 한 사람들 속에 나가는 것을 피하는 편이다. 또 겨우 사람들 속에 나갔다 해도 '내가 시시한 말을 하진 않을까, 우스운 행동을 하지 않을까' 하고 끊임없이 겁을 낸다. 그로 인해 사회적인 자리에서는 늘 주뼛거리게 된다. 그리고 스스로에게 별 능력이 없다고 믿고 있기 때문에 여러 상황에서 직면하는 곤란한 일들을 과민하게 받아들이는 경향이 있다.

이들은 대부분 형제가 적으며, 어머니의 과보호에서 자라 이런 성향이 생긴 경우가 많다. 어릴 적부터 특히 어머니에게 왕자나 공주 같은 대접을 받으며 자랐으며, 또래의 아이들과 어울려 논 경험도 거의 없다. 따라서 사소한 일로도 쉽게 상처를 입고, 자기를 소중히 여겨줄 것 같지 않은 자리엔 나갈 수 없는 인간이 되고 마는 것이다.

<<<<< **CHECK POINT**

다음 7가지 항목 가운데 4가지 이상 해당되면, '회피성 인격'이라고 할 수 있다.

1. 사람들에게 비판, 거절, 무시당할 것이 두려워서 중요한 사람을 만나야 하는 기회도 피한다.

2. 자기를 좋아한다는 확신이 없으면 사람과 사귈 수 없다.

3. 창피를 당하거나 바보 취급당할 것이 두려워서 아무리 친밀한 관계라도 상대를 꺼려하는 경향이 있다.

4. 사람들이 모이는 사회적인 자리에서는 자기가 비판 대상이 되지 않을까, 거절당하지 않을까 하는 것에만 신경을 쓴다.

5. 자기는 사람들과 잘 사귀지 못한다고 믿고 있기 때문에 새로운 대인관계를 만들기 힘들다.

6. 자기에게는 좋은 점이 없다, 다른 사람들보다 뒤떨어진다, 사회적으로도 제대로 적절한 대응을 하기 힘들다고 믿고 있다.

7. 창피를 당할까 두려워서 새로운 일을 시작하거나 위험을 감수하는 일에 대해 적극적이지 않다.

이들의 행동은 '자기비하' 형태로 많이 나타나는데, 이것도 일종의 자기애에서 비롯된 방어라고 볼 수 있다. 자신의 자기애가 상처 입는 것이 싫기 때문에 자신 없는 상황을 회피하는 것이다.

요령 있게 그리고 강하게 대처하라

싫은 사람, 관계하고 싶지 않은 사람과는 가능한 한 관계를 피하는 것이 현명하다. 그러나 직장에서 일을 하다 보면 이런 사람들과도 같이 일할 수밖에 없는 상황이 오게 된다.

'자기애성 인격'인 사람과 일할 경우, 공(功)은 모두 그에게로 돌아가고 실패는 모두 다른 사람들의 탓이 된다. 이런 상대에게는 주장해야 할 부분은 제대로 주장을 해야만 한다. 상대가 아무리 상사라고 해도 'No!' 라고 말해야 하는 상황에서는 'No!' 라고 명확히 말할 수 있어야 한다. 그렇게 하지 않으면 상대가 말하는 대로 휘둘리게 된다. 그러므로 분위기가 다소 험악해져도 주위 사람들에게 어느 쪽이 무리한 주장을 하는지 이해시킬 필요가 있다.

조직에서는 다소 불합리하더라도 확실히 상사의 말이 절대적인 면이 있다. 그러나 정도가 지나치면 주위 사람들도 분명 알 것이다. '자기애성 인격'인 상사에게는 오히려 '이 녀석과는 같이 일하기 어렵다'라는 인상을 심어주는 것이 좋다. 그렇게 하면 함께 일을 해야 하는 상황을 상대 쪽에서 먼저 피하기 때문이다. 이처럼 관계를 피하고 싶다고 생각하면 피할 수 있는 방법은 있다. 그러나 그렇게 하기 위해서는 일단 해야 할 말을 정확히 이야기할 수 있는 강인함이 필요하다.

'장애'라고 생각될 정도의 인격 편향을 가진 사람은 대체로 일반 직장에서 일하는 것이 불가능한데, 장애 수준이라고 해도 직장에서 그럭저럭 일해 나갈 수 있는 경우도 있는 것이 바로 '강박성 인격'인 사람들이다. 이들이 갖고 있는 완벽주의 경향 및 규칙을 매우 좋아하는 경향이 직장에서 통용될 수 있기 때문이다. 물론 이들은 즐기는 것이 불가능하고 감정이 없다. 또 어느 시점에 이르면 우울증에 빠지기도 한다. 그러나 이들은 착실하고 꼼꼼하게 정해진 일을 정확히 해내는 만큼 회사 입장에서는 쓸모 있는 면이 있다. 단 새로운 것을 구상해 내는 기획·개발 같은 부서의 일을 담당하는 것은 불가능하다. 창조적인 작업을 하는 것은 무리인 것이다.

이들은 또 세세한 부분까지 전부 자신의 페이스를 타인에게 강요하기 때문에 가까이에서 같이 일하기에 아주 피곤한 사람들이다. 이 같은 '강박성 인격'인 사람이 주위에 있을 경우에는 그의 사고방식을 바꾸려 하지 말고, 거리를 두고 '당신은 당신의 페이스대로 일을 하십시오. 나는 내 식대로 하겠습니다' 라는 개인주의를 내세우는 것이 좋다.

그런데 문제가 되는 것은 이런 '강박성 인격'의 사람이 상사일 경우다. 이들은 자기 규칙을 전부 부하직원들에게 '이렇게 해라' '저렇게 해라' 하고 강요한다. 또 부하직원이 먼저 퇴근하려고 하면 싫은 표정을 지으며 기분 나쁜 말을 하곤 한다.

그가 퇴근할 때까지 부하직원은 일이 없어도 회사에 남아 있어야만 하는 것이다. 이때 아랫사람은 퇴근도 자유롭지 못하고 세세한 부분까지 상사의 지시대로 해야 하기 때문에 노이로제가 될 수밖에 없다.

이런 '강박성 인격'인 사람은 그가 성실한 만큼 이쪽도 성실하게 대하면 정면으로 부딪치게 되는 일은 없다. 다만 상대의 페이스에 말리지 말고 대범하게, 약간 뻔뻔스럽게 대하는 것이 좋다. 가령 일이 없으면 가볍게 "먼저 실례하겠습니다" 하고 아무렇지도 않게 퇴근을 하여, 일이 없으면 상사보다 먼저 퇴근하는 것이 당연하다는 것을 상대도 인정하도록 만들면 되는 것이다. 그러나 상대가 상사이면 사실 그게 말처럼 그렇게 쉽지가 않다.

이 외에도 직장 안에서 함께 일하기 싫은 사람으로는 '의존성 인격'인 사람이 꼽힌다. 이들은 무엇이든 스스로 결정하지 못하고 다른 사람에게 의존한다. 이 같은 사람이 가까이 있으면 얼떨결에 무거운 짐을 떠안게 되는 경우도 있다. 이들에겐 단

호하게 자르는 냉엄함을 보여야 한다. 그렇지 않으면 점점 어

리광을 부리면서 점점 더 골치 아픈 일을 떠맡긴다.

2

첫인상의 진실 혹은 유혹

사람 보는 눈은 본능이다

보통 사람들은 처음 만난 사람에 대해 어느 정도 경계심을 갖는다. 상대가 어떤 사람인지 알 수 없기 때문에 '이 사람은 어떤 성격일까, 나와 맞는 사람일까 아닐까' 등등 서로 상대를 관찰하고 모색하면서 이야기를 나누게 된다.

그런데 누구나 처음 만나는 사람을 보고 받는 첫인상이 의외로 딱 맞아떨어지는 경험이 있을 것이다.

가령 첫인상으로 상대의 성격이 유연한지 아닌지 어느 정도 예상할 수 있다. 정신과 의사로서 내 경험에 비추어 보면, 마음에 상처를 입기 쉬운 어린아이들은 겁을 먹기 때문에 자세부터 아주 부자연스럽고 딱딱하다. 어깨가 비쭉 올라가고 전신이 긴장으로 굳어져 있다. 자기를 지키려고 애를 쓰는 심리가 신체도 긴장하게 만드는 것이다. 그런 모습을 보고 융통성이 없고 상처 입기 쉬운 성격인지, 어느 정도 유연하고 강한 성격인지 예측할 수 있다.

온몸을 긴장한 채 아이가 진찰실로 들어오면 함부로 말을 걸수가 없다. 아무렇지도 않은 말에도 상처 입기 쉬운 아이라는 것을 알기 때문이다. 그와는 반대로 몸이 이완되어 있는 사람은 쉽게 상처 입지 않는 타입이다.

인간의 직관이란 구체적으로 사람을 보고 이야기해보면 상대를 신뢰할 수 있는지 아닌지 여부는 물론이고, 더 깊숙하게는 상대의 성격 경향까지 알아챌 수 있다. 누구든 사람을 보는 눈은 자기가 생각하고 있는 이상으로 예리하기 때문이다.

어떤 일에서든 인간관계는 불가피한 것이기 때문에 첫 대면에서 상대를 파악할 수 있는 능력은 누구에게나 어느 정도는 필요하다. 그리고 인간에게는 누구에게나 상대가 어떤 인간인지를 꿰뚫는 힘이 있다. 단 그 능력을 어디까지 미치게 할 수 있는가 하는 것은 역시 사람에게 관심을 갖고 있는가 그렇지 않은가 하는 데 달려 있다.

연인들만 눈으로 말하는 게 아니다

첫인상으로 상대를 신뢰할 수 있는지 여부를 확인하기 위해 제일 먼저 살피는 것은 상대방의 눈이다. 눈은 유일하게 외부로 나와 있는 뇌신경이다. 따라서 마음의 움직임을 전부 눈의 움직임으로 알 수 있다고 해도 과언이 아니다. 가령 자신이 없으면 얼빠진 눈이 되고, 오만하면 그 오만함이 눈에 그대로 드러난다. 그렇기 때문에 사람을 파악할 때에는 눈을 주목하는 것이 가장 중요하다. 눈의 움직임, 눈의 분위기에 주의를 기울이는 것이다.

가장 쉬운 예로, 상대방과 눈을 마주치려 하지 않는 행위를 들 수 있다. 일반적으로 시선은 좋고 싫음을 표현한다. 다시 말해, 싫은 상대와는 눈을 마주치고 싶어하지 않는다는 것이다. 그러나 눈을 마주치지 않고 이야기하는 것은 무례한 태도로 받아들여지는 것이 보통이다. 따라서 대부분의 경우, 싫더라도 눈을 마주치는 훈련을 하게 된다.

이렇게 보면, 상대방과 눈을 마주하고 이야기하지 못하는 사람은, 곧 사람을 대할 때 자기의 좋고 싫은 감정을 그대로 드러내버리는 사람이라고 말할 수 있다. 즉 대인관계에서 자기 감정을 컨트롤할 수 없는 사람이란 뜻인데, 이들 중에는 심각한 경우 '대인공포' 경향을 드러내는 사람들도 있다.

흔히 말하는 '대인공포' 란 모든 사람에게 공포를 느끼기보다는 깊게는 알지 못하지만 조금 알고 있는 사이의 사람에게 공포를 느끼는 것이다. 그리고 1대1 대면에 긴장하고 겁을 내는 경향이 있다. 이때 긴장 때문에 상대의 눈도 제대로 보지 못하고 정신없이 몸을 흔드는 등 편안히 있지 못한다. 이와는 달리

'사회공포' 라는 것이 있는데, 이는 사람이 많이 있는 장소에서 이야기를 하거나 식사하는 것을 두려워하는 증세를 가리킨다. 사람들이 쳐다보거나 주목받는 것에 강한 공포와 부끄러움을 느끼는 것이다.

그러나 어느 것이든 사람을 피하고 사람을 두려워한다는 점은 공통적이다. 이들은 사람과 시선을 마주치는 것을 피하고, 상대를 바라볼 때도 눈을 치뜨는 경우가 많다. 그러므로 제대로 눈을 맞추고 이야기하는지 그렇지 않은지 여부로도 상대방의 성격을 어느 정도 추측할 수 있다. 마음의 병까지는 아니더라도 사람들과 눈 마주치는 것을 꺼리는 사람은 사람에 대한 공포를 안고 있다고 할 수 있다.

말 잘하는 사람은 요주의 인물이다

그렇다면 첫인상으로 상대가 과연 신뢰할 만한 사람인지 아닌지를 어느 정도까지 알 수 있을까. 일반 사람들의 경우, 대략 3,40% 정도는 알아맞힐 수 있다. 50% 이상 맞힐 수 있다면 관찰력이 상당한 사람이라고 할 수 있다.

일반적으로 말해서, 말솜씨가 좋고 요령이 좋은 사람일수록 신뢰할 수 없는 경우가 많다고 할 수 있다. 그러니까 요령이 좋은 사람, 듣기 좋은 말을 잘 골라 하는 사람은 요주의 인물이다.

왜냐하면 그런 사람에게 마음이 끌리기가 훨씬 쉽기 때문이다. 그리고 일단 마음이 끌리면 다른 모습은 잘 보이지 않기 때문이다. 따라서 요령 좋고 말 잘하는 사람들에게는 처음부터 어느 정도 경계심을 가질 필요가 있다.

그러나 아무리 인간에게 직관력이 있다고 해도 처음 만난 상대가 일을 잘할 수 있을지 없을지를 확인하는 것은 결코 쉽지 않다. 사람이 지니고 있는 능력은 그야말로 여러 가지다. 가령 어떤 사람이 밖으로 나가 영업을 하는 데에 적합한 사람인지, 사무능력이 있는 사람인지는 만나서 이야기하는 것만으로는 알 수 없다. 또 능력도 일의 내용 나름이다. 일에는 종류도 많고 각양각색이기 때문에 한마디로 단정할 수가 없다.

가령 사람과 이야기하는 데에는 서툴지만 새로운 상품을 개발하는 기획력은 뛰어나거나, 컴퓨터를 다루는 데 발군의 능력을 발휘하는 사람도 있다. 사람을 만나면 쭈뼛대며 자신이 없는 사람이라고 해도 자기 부서에서 맡은 일은 정확히 하며 능력을 발휘하는 사람도 많다. 그런 사람이 첫 대면에서 자기 영

역에서 과연 일을 잘할 수 있게 보이느냐 하면 꼭 그렇지만도 않다. 따라서 상대가 일을 잘할 수 있느냐 하는 것은 어느 정도 만남을 거듭하고, 또 함께 일을 해봐야만 알 수 있다.

첫인상이 꼭 편견은 아니다

자기와 맞는 타입인지 맞지 않는 타입인지 알아볼 때 첫인상
은 의외로 잘 맞는다. 예를 들어 중·고등학교 시절을 생각해
보면, 새로 반이 갈리고 나서 처음 무심히 말을 나누게 되어
친해진 그런 상대가 친구로 오래 지속된다. 그야말로 서로 직
관으로 선택하는 것이다. 그리고 그런 친구가 중학교, 고등학
교, 대학교를 졸업하고 사회에 나와서도 계속 관계가 유지되
는 경우가 많다. 그만큼 직관이란 예리한 것이다.

첫인상으로는 우선 자기와 맞을 것 같은 사람을 고른다. 함께

있을 때 자기가 무리하지 않아도 될 것 같은 거북하지 않은 상대인지를 확인한다. 그리고 관계가 시작된다. 반대로 첫인상이 마음에 들지 않았던 사람과 시간이 지난 후에 친해지는 경우도 있다. 그것은 표면적으로는 잘 맞지 않는 것처럼 느껴져도 접촉을 거듭하게 됨에 따라 서로를 이해하게 되기 때문이다. 즉 그 사람의 표면에는 잘 드러나지 않았던 깊은 부분이 보이고, 그것이 자기와 맞는 부분이기 때문이다. 혹은 상대의 장점이 자기의 단점을 보완해줄지도 모른다는 생각을 하게 되기 때문이다.

그런데 그렇게 깊은 곳까지 서로를 이해하는 데에는 시간이 걸린다. 그리고 보통은 처음에 맞지 않는다고 생각한 상대와는 사귀지 않는다. 그렇기 때문에 자연스럽게 서로가 지속적으로 접촉을 가질 수 있는 공통의 장이 있을 경우에나 첫인상이 마음에 들지 않았던 사람과 친해질 수 있다. 일반적으로 처음에 '나와는 너무 맞지 않는다'라고 생각되는 상대와는 가까이 하지 않기 때문에, 상대의 깊은 부분에서 자기와 맞는 부분이 있다는 걸 알게 되기까지 사귀게 되는 경우가 많지 않다. 따라서 결국 첫인상으로 자기와 맞는 상대를 찾아 사귀게 되는 것이다.

첫인상으로 사람을 판단하는 데 자신 없어 하는 사람은 대인관계에 겁을 내는 경우에 속한다. '대인공포' 경향이 있으면 사람과 사귀는 것이 서툴기 때문에 결국 사람에 대해 나름대로 경계태세를 취하거나 겁을 낸다. 그렇게 되면 상대를 제대로 볼 수 없기 때문에 상대를 오해하기 쉬운 것이다. 따라서 자기에게 벽이 있을 때 사람에 대해 편견이나 오해를 갖게 되는 경향이 있다.

첫인상으로 사람을 판단할 때에는 자기 세계 속에 틀어박히거나 긴장하지 말고 가능한 한 여유 있는 기분으로 접해야 한다. 처음부터 상처입지 않을까 하고 겁을 내면 자기를 지키려는 방어적인 자세로 상대를 살피기 때문에 당연히 사람을 보는 견해도 일그러진다. 필요 이상으로 사람을 두려워하지 말고, 그렇다고 해서 경시하지도 말고 어떤 사람이든 각각 좋은점도

있고 나쁜점도 있을 거라는 생각으로 대하면 여유 있는 기분

으로 상대방을 바라볼 수 있을 것이다.

너무 잘 보이려다가는 일을 그르친다

첫 대면일 때에는 서로에게 긴장감이 있다. 그런데 그 정도가
심할 경우에는 상대를 오해하기 쉽다. 그러므로 처음 사람을
만났을 때 긴장하지 않으면서 자기 나름대로 상대를 파악하는
방법을 익히는 것이 좋다. 가령 스스로 긴장하고 있구나, 준비
태세를 취하고 있구나 하는 생각이 들 경우 '좀더 긴장을 풀
자' 하고 마음을 다잡아먹는 것도 한 방법이다.

또한 이쪽에서 경계태세를 갖추면 상대방 역시 경계태세를 갖
추게 된다. 그렇게 되면 서로 자기를 솔직하게 드러낼 수 없기

때문에 상대를 이해하지 못해 오해가 생기게 된다. 첫 대면에서 경계태세를 갖추는 것은 누구든 다른 사람에게 잘 보이고 싶다는 의식이 있기 때문일 것이다. 그 때문에 자신의 단점을 보이지 않으려고 방어 태세를 갖추는 것이다. 자기의 약한 부분을 보여도 상관없다는 대범함이 있다면 긴장을 풀고 여유 있는 기분으로 자기 자신을 솔직하게 드러낼 수 있게 된다.

그러나 그렇게 마음먹었음에도 불구하고 막상 실행하는 데에는 어려움이 따를 것이다. 다른 사람들에게 단점을 내보이고 싶지 않다고 경계하면 할수록 오히려 상대방에게는 당신의 단점이 눈에 보이게 된다는 사실을 명심해야 한다. 또한 그런 식으로 자기 자신만을 의식해서는 상대방을 제대로 파악할 수 없다.

뭉친 근육으로는 아무것도 막지 못한다

긴장하고 있는 사람, 침착하지 않은 상태인 사람은 우선 그 눈의 움직임과 몸의 상태로 알아볼 수 있다. 이들은 눈을 마주치려고 하지 않는다. 또 상대방의 얼굴을 아래부터 훑어보거나 눈을 두리번거리는 것도 긴장하고 있다는 증거이다. 앞서 말했듯이 심하게 긴장하고 있는 사람은 그것이 몸에서도 그대로 드러난다. 그 사람은 느긋하게 가만히 있지 못하고 어딘가 굳어 있다.

예를 들어 정치가나 유명인들의 기자회견이나 인터뷰를 보면,

간혹 처음부터 자기방어 자세를 취하고 있는 경우들을 볼 수 있다. 말은 자신만만하게 하고 있지만 등을 곧게 편 채 굳어 있어 '절대로 나를 지킨다' 라는 방어자세를 취하고 있는 것이 그대로 드러나는 경우, 또 준비해온 것 외의 질문을 받거나 자기 마음에 들지 않는 것을 기자들이 들춰내기라도 하면 금방 토라지거나 부루퉁해져 화를 내는 경우 등등, 이런 태도가 나오는 것은 그만큼 자기방어가 철저하고 강하기 때문이라고 할 수 있다.

불안이 강해지면 강해질수록 그 불안으로부터 몸을 보호하기 위해 몸이 굳어지는 사람들을 가리켜 '머슬 아머(muscle armor, 근육무장)' 라고 하는데, 이들의 외모를 보면 단정하게 고정한 머리 스타일에서부터 그야말로 무장한 모습 그 자체인 경우들이 많다.

그러나 이들은 감정이 고취될 경우 이내 결점을 드러내고 만다. 지는 것을 싫어하고 자존심이 강하기 때문에 그 부분을 자극하면 발끈하여 곧 결점을 드러내는 것이다. 가령 "당신은 그렇게 말하지만 지금까지 이러이러한 실패를 하지 않았습니까. 말로 하는 것만큼 능력이 없는 것 아닙니까"라고 추궁당하면 바로 발끈해서, "당신 그거 실례 아냐? 돌아가시오" 하고 자멸하는 타입이다.

이와는 반대로 언제나 여유 있고 당당해 보이는 사람들도 있다. 그야말로 유연한 자세를 취하고 있어 그 태도에서 조금의 긴장도 느낄 수 없다. 그러나 그렇게 긴장하지 않는 것 역시 문제는 있다. 쉽게 상처입지 않는다는 것은 그만큼 둔감하다는 말이기도 하기 때문이다. 본인의 정신적 건강을 위해서는 긴장을 하지 않는 것이 좋지만 너무 둔감하면 주위 사람들이 곤란해질 수도 있다.

이들은 상대의 공격에 강한 편이지만, 자기 생각이라는 것이 없는 경우도 많다. 무슨 일이든 논리가 아니라 감정으로 결정하려고 한다. 그래서 상대로부터 철저한 논리로 공격당하면 대답하지 못하고 쩔쩔매다가 무너져버린다. 아니면 인정에 호소하며 도망치려고 한다. 즉 난처할 때에는 일을 전부 애매한

영역으로 몰고 가려고 한다. 인정미를 드러내면 그것으로 모든 일을 해결할 수 있다고 생각하는 구세대 정치가들이 이런 타입에 해당된다.

균형 있는 옷차림은 신뢰를 부른다

그렇다면 옷차림으로는 얼마큼이나 상대의 성격을 알 수 있을까? 빨강색이나 파랑색 같은 화려한 원색 계열의 색을 좋아해서 그런 색의 옷만 입는 젊은이들이 있다. 그런 색의 옷을 입는 사람은 일반적으로 자기 주장이 강하다고 할 수 있다. 젊을 때 자기 주장을 강하게 드러내는 것도 결코 나쁜 것은 아니지만 지긋한 나이의 어른이 화려한 원색 계열의 옷만 입는다면 어울리지 않는 면이 있을 것이다.

그림을 그리게 해서 그 사람의 심리상태를 분석하는 방법이 있다. 물론 무엇을 그리는가도 중요한 요소이지만, 어떤 색을 주로 사용하는가에 중요한 의미가 있다. 가령 검은색을 많이 사용하면 마음 깊은 곳에 어두운 면이 있을 것이라고 추측할 수 있다. 그 사람이 주로 입는 옷의 색에서도 그의 심리상태나 지향하는 바를 알 수 있다.

물론 옷차림과 머리 스타일, 화장 등은 각기 취향이 있다. 자기가 좋아하는 색이 있어 그 색의 옷을 즐겨 입는 것은 그것대로 좋다. 일반적으로 자기가 좋아하는 색, 좋아하는 스타일의 옷차림을 하면 그 나름대로 그 사람에게 어울리기 때문이다. 자기가 좋아하는 스타일로 차려입었을 때 그 모습이 상대에게 위압감을 준다거나 묘하게 자기를 주장하는 인상을 주는 일은 거의 없다.

다만 단순히 유행하기 때문이라든지, 눈에 띄기 위한 옷차림은 언뜻 보기에는 개성적으로 보이지만 오히려 개성적이지 않다. 즉 모두가 개성적이라고 하는 것을 추구하여 모두 같은 옷차림을 하게 되면 몰개성이 되고 만다는 역설이다. 그러므로 개성 있게 살고 싶다면 옷차림도 스스로 생각해서 결정해야 할 것이다. 단순히 유행을 쫓아가는 것은 겉으로는 자유분방한 것 같아 보이지만 사실은 틀에 얽매이는 일이다.

옷차림에는 그 사람의 성격이 균형을 이루고 있는지 그렇지 않은지 잘 드러난다. 아무리 파격적인 옷차림이라도 그것이 유행이라서 따르는 것이라면, 함께하는 사람이 있기 때문에 안심하고 그런 옷차림을 하는 것이기 때문이다. 그것은 독창적인 것과는 다르다. 그러나 또 그런 유행을 따르는 것은 보통의 자기로는 사람들 속에 묻히게 되므로 눈에 띄고 싶다는 욕구의 표현이기도 하다. 유명 브랜드의 옷만을 입으려는 사람들도 있다. 이들은 스스로 센스가 있다고 믿는다. 그러나 실제로는 스스로 선택할 수 있는 센스가 없기 때문에 고급 브랜드로 무장하는 것이라고 할 수 있다.

반대로 지금은 많이 줄어들었지만 전형적인 비즈니스맨의 하얀 와이셔츠에 수수한 정장 차림은 주위에 맞춰 자기의 감정을 감추려는 타입이라고 할 수 있다. 이때 파란 계통이나 붉은 계통의 다소 화려한 색상의 셔츠나 넥타이를 착용한다면 자기의 감정을 그 셔츠나 넥타이의 색을 통해 표시하고 있다고 받아들일 수 있다. 가령 붉은 계열의 색을 선호하는 사람은 내면에 정열을 감추고 있다고 볼 수 있고, 파란 계열을 선호하는 사람은 청춘의 자유로움을 갖고 있다고 볼 수 있다.

재킷이나 슈트 안에 입는 와이셔츠와 넥타이의 색이나 무늬는 무의식중에 그 사람의 내면을 표시하고 있다고 해석할 수 있다. 비즈니스맨도 최근에는 복장이 많이 자유로워졌지만, 그러나 역시 옷차림에는 다소의 규약이 따르기 때문에 표면적으로는 자신이 속한 조직과 어울리는 옷차림을 하게 된다. 그래서 재킷보다는 와이셔츠나 넥타이를 통해, 또는 옷의 무늬를 통해 개성을 드러내게 되는 것이다.

균형 있는 사람의 옷차림이란, 무조건 유행을 따르지 않고 어느 정도 자기가 속해 있는 집단에 맞추면서도 일부 유행을 받아들이거나 자기의 취향에 맞춰 변형시키는 것일 것이다. 쓸데없이 눈에 띌 필요도 없지만 지나치게 칙칙한 옷차림도 균

형이 맞지 않는다. 균형을 이루는 옷차림을 한 사람은 인간적

으로도 신뢰할 수 있고, 또 일도 나름대로 잘할 수 있는 사람

이라고 예측할 수 있다.

개방적으로 대하면 본심을 볼 수 있다

요즘 세상에 다른 사람에게 처음부터 개방적인 태도를 취하는 사람은 많지 않다. 서양의 경우에는 개인주의가 정착해 있기 때문에 속으로는 누구에 대해서든 명확히 선을 긋고 그 이상은 절대로 다가서지 않는 면이 있다. 그러나 그만큼 표면적으로는 매우 개방적이고 사교적으로 행동한다.

그런데 동양인은 이를테면 표면이 아주 단단하다. 그래서 먼저 입구에서 그 사람을 받아들일까 말까 매우 망설인다. 그러나 한번 문을 열고 마음을 터놓으면 주르르 단숨에 안으로 들여놓는다. 때문에 많은 사람들과 폭넓게 교제하는 것이 불가능하고, 마음이 맞는 소수의 사람들과만 사이좋게 지내게 되기 쉽다. 그런 의미에서는 서양인이 동양인에 비해 사교적이라고 할 수 있다.

기업의 경영자들의 경우, 처음 만나는 상대에 대해서도 경계하는 빛 없이 개방적이고 사교적으로 행동하는 것이 대체적이다. 그런 식으로 대범하게 대하면서 상대를 정확히 관찰한다. 그러면서도 상대를 파악하고 있다는 것을 그 상대가 눈치채지 못하도록 하기 때문에 상대가 경계심을 품거나 하지는 않는다. 어떤 세계에서든 사회적으로 성공한 사람들은 첫 대면에서도 상대를 긴장시키지 않게끔 행동한다. 사람들과 폭넓게 교제하는 것에 익숙하고 나름대로 교제 방법을 터득하고 있는 것이다. 또한 그런 교제법이 가능하기 때문에 성공했다고 할 수도 있다.

따라서 첫 대면에서는 스스로 긴장을 푸는 것과 동시에 상대방도 긴장하지 않도록 개방적이고 사교적으로 행동하는 것이 중요하다. 특히 지나치게 안절부절하여 긴장한 것을 한눈에 알아볼 수 있는 사람에게는, 가능한 한 위압적인 태도는 피하고 부드럽게 대해주는 것이 좋다.

첫 대면 사회?

첫 대면에서 사람을 판단한다고 하면 먼저 면접시험이 떠오를
것이다. 면접시험에 대해서는 매뉴얼도 나와 있고, 고등학교
나 입시학원에서 수험 지도의 일환으로 모의면접도 시행하고
있다. 대개는 예의 바르고 시원시원하게 대답하라고 지도한
다. 또는 의욕을 보이거나, 왜 이 학교에 가고 싶은가, 무엇을
하고 싶은가 하는 목적을 정확히 표현하라고 지도한다.

확실히 시원시원하게 명확히 대답할 수 있으면 상대에게 좋은
인상을 줄 것이다. 그러나 아무리 명확한 대답을 해도 눈빛만

큼은 단기적인 교육이나 연기로 가려지지 않는 부분을 보여준다. 다소 대답이 막히거나 더듬거려도 눈이 빛나면 문제가 되지 않는다. 뇌의 움직임이 활발한가 아닌가는 눈빛으로 나타난다. 눈이 흐리멍덩한 수험생은 아무리 표면적으로 또박또박 면접관이 요구하는 대답을 했다 해도 어딘가 힘이 없고, 뇌의 움직임이 활발하지 못한 것처럼 느껴진다.

추상적이라고 생각될지 모르지만 눈빛은 거짓이 통하지 않는다. 앞에서도 여러 번 말했듯이 사람의 마음의 움직임은 눈의 움직임과 눈의 표정으로 드러나기 때문이다. 따라서 그 사람이 의욕적인가 아닌가 하는 것은 눈빛을 보면 알 수 있다.

입시 면접에서는 몇 명의 면접관이 면접을 하고, 또 각자 사람을 보는 시각이 다르기 때문에 의견이 맞지 않는 부분도 있다. 그러나 대개 '이 학생이 좋다' 라고 생각하는 것은 일치한다. 나처럼 눈빛에 초점을 두지 않고 사람에 따라서는 '이 학생은 또박또박 의견을 말하지만 뭔가 와 닿지 않는다' 라는 식으로 자기의 느낌에 초점을 두기도 한다. 각각의 면접관에 따라서 그 견해도 다른 것이다. 면접의 예를 보아도, 첫인상만으로 직관적으로 상대를 어느 정도 파악할 수 있다고 생각한다. 특히 진지하게 상대를 보려고 하면 꽤 정확하게 볼 수 있다.

회사의 입사시험 면접의 경우 입학시험 면접보다 한층 더 엄격하다. 좋은 인재를 가려 뽑는 것은 회사의 흥망에도 영향을 미치기 때문이다. 학교의 면접에서는 어떤 학생에 대해 약간 부족한 면이 있는 경우라도 '앞으로 성장할지도 몰라' 하고 호의적으로 받아들인다. 그러나 회사에서는 현재도 나름대로 실력이 있어야 하고, 앞으로 더욱 성장할 가능성도 보여야 한다. 또한 회사라는 조직에 적응하는 능력도 문제가 된다. 따라서 회사의 경우 사람을 뽑을 때에는 그 기준이 굉장히 엄격하고, 또한 그렇게 많은 사람을 대하는 만큼 사람을 보는 눈도 보통 이상이다.

면접의 예는 아니지만, 가령 상대가 처음부터 이쪽을 속이겠다고 마음먹고 필사적으로 연기를 하는 경우에는 첫 대면에서 상대를 꿰뚫어보기가 쉽지 않다. 그러나 아무리 상대를 속이려고 해도 만남을 거듭하다 보면 상대가 의식적으로 속이려 한다거나 연기를 한다는 것을 알게 된다.

첫 대면에서 상대를 어느 정도나 알 수 있을까? 직관적으로는 상당히 알 수 있다고 했지만 그것은 어디까지나 상대가 어느 정도 솔직하게 자기를 드러내는 경우이다. 뿐만아니라 이쪽도 개방적인 태도를 취하면서 상대가 어떤 인간인지를 꿰뚫어보려고 열심히 에너지를 쏟지 않으면 파악하기 힘들다고 할 수 있다. 그리고 처음부터 의식적으로 자기를 멋지게 연기하는 상대를 꿰뚫어보기란 쉽지 않다. 물론 그런 사람은 아주 소수다. 그리고 또 그런 경우에는 당연히 어떤 이해관계가 얽혀 있기 때문에 내 쪽에서도 상대를 더 신중하게 보게 된다.

3

인간관계 혹은 거리두기

궁합이 맞는다?

누구에게나 자기와 맞는 사람, 맞지 않는 사람이 있다. 특별히

이성적으로 생각하지 않아도, 조금만 이야기해보면 이 사람하

고는 성격이 맞는다, 또는 맞지 않는다 하는 것을 금세 알 수

있다. 그것을 직관이라고 해도 좋을 것이다.

궁합이 맞는다는 것은 살아온 환경이 비슷하거나 생각이 비슷

하거나 느끼는 방식이 비슷한 것도 포함하지만, 근본적으로는

성격이 맞느냐 맞지 않느냐를 말하는 것이다. 성격을 중심으

로 보았을 때 궁합이 맞는다는 것은 두 가지로 나눌 수 있다.

하나는 성격이 비슷한 경우이다. 이것은 무엇이든 서로 척척 통하는 관계이다. 비슷한 사람들끼리는 상대의 말머리만 듣고도 상대가 무엇을 말하고 싶어하는지 금방 이해한다. 또한 사물을 받아들이는 방식이나 느끼는 방식이 비슷하기 때문에 공감하기 쉽고 흥미를 느끼는 부분도 같다.

전혀 반대인 사람들도 궁합이 맞는다. 이들은 서로 부족한 부분을 보충하는 관계이기 때문이다. 옆에서 보면 '저 두 사람은 왜 사이가 좋을까' 라는 의문이 들 만큼 서로 성격이 판이하게 다르다. 가령 한쪽은 마음이 약해서 싸움도 못하지만 얌전하고 공부를 잘하는 아이이고, 다른 한쪽은 기가 세서 싸움은 잘하지만 공부에는 영 소질이 없는 아이인 경우처럼 완전히 성격이 반대인 관계에서는, 마음이 약한 아이가 다른 아이들에게 놀림을 받거나 하면 기가 센 아이가 그 아이의 편이 되어주어 놀리는 아이들을 쫓아주는 식이 된다. 또 시험 전에는 마음이 약한 아이가 기가 센 아이에게 공부를 가르쳐주고 하는 식으로 서로 부족한 부분을 보충하는 것으로 둘의 관계가 친밀해지는 것이다.

그러나 성격이 비슷한 사람들끼리도 맞지 않는 경우나 완전히 반대인 성격인데도 궁합이 좋지 않은 경우도 있다. 비슷한 사람들끼리의 관계에서는 스스로 마음에 들어하지 않는 자신의 모습을 상대방이 똑같이 가지고 있다고 생각될 경우 거기에서 반발심이 생길 수 있기 때문이다. 또 완전히 반대인 성격이라도 자기가 부족하다고 생각되는, 그래서 자기를 보완해줄 수 있는 면을 많이 갖고 있는 상대에게 끌리는 것이다. 상대가 완전히 반대의 성격을 갖고 있더라도 그것이 자기가 좋다고 생각되는 면이 아니라면, 상대에게 끌리지도 않을 뿐더러 자기의 부족한 면을 상대를 통해 보완할 수도 없기 때문이다.

예를 들어 기가 센 아이가 자기의 그런 면을 장점이라고 생각한다면 마음이 약한 상대를 단순히 겁쟁이라고 생각할 것이다. 만약 그래도 사이가 좋다면, 가령 기가 센 아이가 공부를 잘했으면 하는 마음이 있어서, 마음은 약하지만 공부를 잘하는 상대방을 부러워할 때이다. 즉 상대에게 존중할 만한 면이 있는 경우이다. 반대로 마음이 약한 아이의 입장에서 보면, 자기는 마음이 약해서 언제나 모두에게 놀림을 받지만 상대인 아이는 기가 세고 덩치도 크고 힘도 세서 자기도 그렇게 되고 싶다는 마음이 있는 것이다. 즉 성격이 반대인 경우에는 서로 보완해줄 수 있는 면이 많을수록 서로에게 매력을 느끼고 그래서 그만큼 서로 잘 맞는다.

그런데 서로 비슷한 성격끼리는 첫 대면에서도 금방 알아볼 수 있지만, 반대인 성격의 사람들이 상호 보완적인가 하는 것을 파악하는 데에는 시간이 조금 걸린다. 따라서 같은 반이 되어 친하게 되고, 또 같은 부서가 되어 서로 맘을 터놓는 상대는 자기와 비슷한 성격인 경우가 많다. 반대 성격의 사람들끼리 친해지는 데에는 서로 어느 정도 깊은 곳까지 알지 못하면 서로의 장점을 이해할 수 없기 때문에 다소 시간이 걸린다. 그러나 일단 친해지면 서로 여러 가지 면에서 보완을 해주기 때문에 관계가 오랫동안 유지된다.

나의 체험으로는, 사이좋은 동성 친구는 성격이 비슷한 상대가 많은 것 같다. 성격이 비슷한 만큼 부담 없이 만나게 된다고 할 수 있다. 그러나 일 관계 등으로 알게 된 여성 친구들은 성격적으로 반대되는 사람이 많다. 그들은 내가 세세한 면까지 신경 쓰지 못하는 부분을 보완해줄 수 있는 사람들이다.

이성은 서로 보완해주는 상대가 좋다

일반적으로 동성인 경우에는 성격이 비슷한 사람들끼리 궁합이 맞는다고 할 수 있다. 이성의 경우에도 물론 비슷한 사람들끼리 궁합이 맞지만, 반대인 성격의 사람들은 서로 보완의 역할을 해줄 수 있다.

비슷한 사람들끼리 결혼을 하면, 좋아하고 싫어하는 것이 똑같아서 취미생활도 함께 즐길 수 있는 친구 같은 부부가 될 수 있다. 반면 상대를 잘 아는 만큼 강한 애정은 없을지도 모른다. 서로 이해할 수 있다는 면에서는 좋지만, 가령 남편도 성격이 급하고 아내도 성격이 급하다면 하찮은 일도 이내 싸움으로 이어져 늘 싸움을 하고 있는 꼴이 될 수도 있다. 또 남편과 아내가 모두 강박적인 성격이라면 집안은 늘 긴장된 분위기가 흐르고, 그 자녀들도 그런 분위기에 노출되어 나쁜 영향을 받을 수 있다.

이와는 달리 성격이 서로 반대여서, 남편은 성격이 급해도 아내가 느긋한 성격이면 남편이 작은 일로 화를 내도 아내가 대범하게 흘려버릴 수가 있기 때문에 싸움이 되는 경우가 별로 없게 된다. 이렇게 봤을 때 이성의 경우에는 서로 반대되는 성격이 서로의 결점을 보완하여 가정을 균형 있게 잘 이끌어갈 수 있다고 할 수 있다.

비슷한 성격의 사람들이 결혼해서 부부가 될 경우, 가령 내향적이며 사소한 일에도 끙끙대는 성격끼리 만나면, 이들은 언제나 장래의 일을 걱정하면서 살게 된다. 반대로 외향적이고 낙천적인 두 사람이 결혼해서 생활한다면, 부부 둘 다 밖에서 노는 것을 좋아해서 가계는 적자에 빚을 지는 신세가 되어 결국 파산하게 될지도 모른다.

물론 이건 극단적인 예라고 할 수 있다. 그러나 부부가 비슷한 성격일 경우 가정이 어느 한 방향으로 치우치게 되어 두 사람의 성격이 가정의 분위기가 되어버린다. 물론 두 사람 모두 균형 잡힌 성격이라면 문제가 없겠지만 한쪽으로 치우친 성격을 가진 사람들이라면 문제가 생길 수밖에 없다. 또한 그것은 자녀에게도 커다란 영향을 미치게 된다.

열 살 성격 여든 간다

인격이 완성되는 것은 18세 이후라고 한다. 실제로는 10세 정도가 되면 성격이 확고해지고 사춘기인 10대 후반에는 성격이 거의 결정된다. 그리고 그것이 대개 그 사람의 일생의 성격이 된다. 특히 내향적이거나 공격적인 면 등은 초등학교 이하에서도 정착되는 경우가 있다.

경우에 따라서는 사춘기 이후에 성격이 확 변하는 수도 있다. 그전까지는 얌전하고 무척 내성적이던 아이가 완전히 달라져 외향적이 되거나 또는 외향적이던 아이가 내향적으로 바뀌는 경우도 있다. 그리고 이 시기에 이루어진 성격이 이후 일생 동안 지속되게 된다. 그래서 18세가 지나면 성격이 안정된다고 하여, 심리학과 정신의학에서는 성격이 완성되는 것을 18세 전후로 보고 있다.

자기 성격이 어느 정도 정해지면 당연히 자기와 맞는 성격의 친구들도 확실해진다. 따라서 중학교에서 고등학교까지 친했던 친구들과는 그 이후로도 관계가 지속될 가능성이 높다. 한편 대학에서 전공이 같은 사람들은 지적 관심과 취미는 물론 흥미를 보이는 면도 비슷한 경우가 많기 때문에 그만큼 성격적으로 맞는 요소도 많아지게 된다고 할 수 있다.

그러므로 사춘기를 넘어서면 자기와 맞는 사람과 맞지 않는 사람이 거의 정해지고, 또한 스스로도 그것을 알 수 있게 된다. 유연한 사람은 자기와 잘 맞지 않는 상대라고 해도 상대에게 맞출 수 있는 인격의 폭이 이루어진다고 할 수 있다.

4D세가 불혹인 이유

사춘기에서 18세 정도가 되면 성격은 완성된다고 했지만 그렇다고 그후 그 사람의 성격이 하나도 변하지 않는 것은 아니다. 인생경험을 쌓아가면서 인격이 성숙하고 유연해져 다양한 성격의 사람들과 힘들지 않게 지낼 수 있게 되는 사람도 있고, 반대로 자기를 완고하게 지키기 위해 점점 좁아져버리는 사람도 있다.

20대에는 어떤 일에 종사하느냐에 따라, 즉 그 일의 내용과 직장환경에 따라서도 성격이 변하게 된다. 또 결혼과 육아라는 가정환경에 의해서도 달라진다. 일이 적성에 맞느냐 맞지 않느냐 하는 것으로 망설이게 되는 경우도 있을 테고, 인간관계 면에서 직장상사와 맞지 않아서 회사를 그만두고 싶은 때도 있을 것이다. 이때는 자기의 성격도 확실히 파악하지 못하고 있을 뿐더러 아직 고정되어 있지도 않기 때문에 여러 갈등이 생기는 상태라고 할 수 있다.

그것이 30대에 들어서면 조금씩 안정되어 간다. 인격 발달에 관한 연구에 따르면, 30대 중반에 한 번의 위기를 맞게 되고, 그것을 극복하면 성격을 포함하여 좀더 넓은 의미에서의 인격이 안정된다고 한다. 따라서 40세 정도까지는 그 사람이 놓여진 환경과 체험 등으로 성격이 바뀔 수도 있는 것이다. 그러나 40세를 지나면 거의 고정된다고 생각해도 좋다. 그 연대가 되면 어떤 일을 해왔는가, 또는 어떤 생활을 했는가에 따라서 그 사람의 인격이 정해져서 그 이후에는 거의 변하지 않는다.

회사에서도 그 나이가 되면 책임 있는 일을 맡게 된다. 가정에서는 아이가 열 살을 넘어 아이에게 손이 가는 일도 많이 줄게 된다. 생활도 안정되는 시기다. 그런 의미에서도 40세라는 연령은 그 사람 나름의 라이프스타일이 정해지는 시기라고 할 수 있다. 반대로 말하면 40세 전후에 자기의 삶의 방식이 정해지지 않으면 곤란하다는 것이다. 일반적으로 능력 면에서 보았을 때는 30대가 가장 힘을 발휘할 수 있는 시기다. 기초적인 능력과 사회에서의 체험이 균형을 이루는 때가 30대라고 할 수 있다. 그러나 일반적으로 사회적으로 책임 있는 일을 맡게 되는 것은 40대 이후부터다. 그만큼 사회적인 면에서의 성장이 늦는 것이다.

능력 면에서 볼 때 40대부터는 기억력을 비롯해 거의 모든 것이 쇠퇴해지기 시작한다. 다만 연륜과 경험이 풍부해지기 때문에 대인관계 능력이나 사전 교섭능력 같은 경험에서 나오는 종합적인 능력을 갖추게 된다. 그 점에서 40대는 쇠퇴하기 시작한 능력과 종합적인 능력의 균형이 이루어지는 시기라고 할 수 있다. 그러나 40대를 넘어 50대가 되면 역시 새로운 것을 창조해내는 힘은 서서히 사라지게 된다.

물론 4,50대가 되어도 창조적인 능력을 발휘하는 사람들이 있다. 그러나 일반적으로는 대부분의 사람들이 가장 능력을 발휘할 수 있는 나이는 역시 30대부터 40대 초반의 시기라고 할 수 있다. 기업이나 정치 세계에서는 아직까지 5,60대 이상의 사람들이 힘을 갖고 있다. 그러나 5,60대 이상의 사람들이 주도한다면 새로운 시대에 대응하는 힘이 약할 수밖에 없다. 가능하다면 30대 후반부터 40대 전반 정도의 사람들이 리더십을 발휘할 수 있는 조직이 이상적이다.

까닭 없이 싫은 까닭

세상에는 딱히 이렇다 할 이유도 없이 도저히 자기와 맞지 않을 것 같은 상대도 있다. 융에 따르면, 그렇게 까닭 없이 싫은 상대가 생기는 것은, 표면에 드러나 있지 않아서 스스로는 의식하지 못하지만 자기가 갖고 있는 부정적인 면을 상대에게서 보기 때문이라고 한다. 융은 그것을 '그림자'라고 한다. 즉 까닭 없이 싫은 상대의 성격을 사실은 자기의 마음속에 이미 갖고 있다는 것이다.

가령 권위적인 사람이나 으스대는 사람을 보면 화가 날 정도로 싫은, 그런 사람이 있다고 하자. 이 경우를 융식으로 해석하면, 그는 의식적으로 권위적인 사람을 싫어하고 자신에게는 그런 면이 없다고 생각하지만, 실은 내면의 무의식 속에 권위적인 면을 갖고 있으며 권위 있게 보이고 싶어한다는 이야기가 된다.

그러나 내 견해로는, 그가 권위적인 사람을 싫어하는 것은, 그 스스로 지금껏 지켜온 가치관에 의거한 면이 더 크다고 생각한다. 즉 까닭 없이 싫은 상대란 자신이 자라온 환경에서 키워온 가치관 혹은 기호에 위반되는 면을 갖고 있는 사람일 가능성이 더 크다는 것이다. 그럼에도 불구하고 융의 해석을 완전히 부인할 수 없는 것은, 어쩌면 자신의 가치관을 세세한 부분까지 정확히 파악한다는 것이 힘들기 때문인지도 모른다.

어쨌든 가치관이나 기호는 사람마다 제각각이다. 어떤 사람에게는 아주 신경에 거슬리는 것이 어떤 사람에게는 전혀 아무렇지도 않게 받아들여지는 경우도 많다. '갓 쓰고 박치기해도 제멋'이라고 그야말로 사람마다 다 다른 것이다.

가까이 하기엔 너무 싫은 그대

이처럼 사람마다 좋아하고 싫어하는 것이 확실하게 다르다.

그러나 그렇다고는 해도 많은 사람들이 공통적으로 좋아하는

사람이 있고 싫어하는 사람이 있다는 것 또한 확실하다.

많은 사람들이 싫어하는 성격의 전형은 '연기성 인격' '자기애

성 인격' '경계성 인격' '의존성 인격' 같은 자기중심성이 강한

인격군일 것이다. 왜냐하면 앞에서도 말했듯이, 이런 인격 편

향들은 본인도 힘들지만 주위 사람들에게 어떤 식으로든 성가

신 일을 당하게끔 하기 때문이다. 누군가로 인해 피해를 입게

되면 주위 사람들이 그 사람을 싫어하는 것은 당연한 일이다. 그러나 그렇게 피해를 주지 않는데도 사람들이 별로 좋아하지 않는, 경우에 따라서는 매우 싫어하는, 그런 사람들도 있다. 이런 경우는 대체로 보편적인 상식이나 가치관에 위반되는 행동을 하는 사람이라고 볼 수 있다.

보편적 상식이라고 하면 조금 막연한데, 예를 들어 다른 사람에게 피해를 줄 정도는 아니라고 해도 언제나 자기 형편을 최우선으로 하는 사람이나, 그 사람과 있으면 즐겁지 않다거나 우울해지는 사람은 대체로 사람들이 피하고 싶어하고, 싫어하게 된다. 왜냐하면 사람들은 보편적으로 주위 사람을 배려하고 주위를 밝고 즐겁게 해주는 것이 좋은 것이라고 생각하기 때문이다. 즉 많은 사람들이 그런 가치관을 공유하고 있기 때문이다.

어쨌든 '장애' 수준까지는 아니라고 해도 '인격 편향'이라고 지칭될 만큼 한쪽으로 치우친 성격을 갖고 있는 사람은, 많은 사람의 상식과 가치관에 거슬리는 언행을 하는 경우가 많다.

때문에 성격적으로 편향된 사람들은 일반적으로 사람들이 좋

아하지 않는 것이다. 반대로 모두가 좋아하는 사람은 균형 잡

힌 성격을 갖춘, 즉 인격이 성숙한 사람이라고 할 수 있다.

인간관계는 감정이입이 아니라 거리두기

사람들은 대체로 자기와 성격이 맞지 않는 사람과는 잘 사귀지 않는다. 그러나 직장에는 다양한 사람들이 있기 때문에 나와 맞지 않는 사람도 당연히 있다. 그리고 그 사람과 관계를 맺으며 지속적으로 함께 일을 해야 하는 경우도 있다.

앞에서 말했듯이, 주위 사람에게 피해를 주는 다루기 힘든 사람은 나와 맞든 맞지 않든, 일단 피할 수만 있다면 피하고 싶은 상대이다. 그러나 단순히 성격이 맞지 않는 상대라면 최소한 일이라고 하는 공통분모에 한정하여 관계를 맺으면서 어떻게든 꾹 참고 지낼 수 있다. 성격적으로 맞지 않아도 상대의 좋은 면을 인정하며 관계를 맺는다는 것이 전혀 불가능한 일은 아니다. 성격이 맞지 않는 사람과 일로 관계를 유지해야 한다면 그 일에 한해서만 관계를 맺으면 되기 때문이다. 함께 일을 한다고 해서 개인적으로도 억지로 친해질 필요는 없다.

그러나 그렇다고는 해도 사실 조직이라는 곳이 일을 통해서만 모든 관계가 형성되는 것은 아니다. 역시 인간관계가 중요하다. 그러므로 나와 맞느냐 맞지 않느냐, 또는 좋으냐 싫으냐 하는 것으로 선을 딱 그어 밋밋한 인간관계를 맺게 되면 일에 나쁜 영향을 미치게 되는 수도 있다. 그런 부분에 대해서는 역시 성숙한 인격체로서의 대응이 필요한 것이다.

'나는 능력이 있으니까 인간관계는 어떻게 되든 상관없다' 고 생각하는 사람도 물론 있겠지만, 그런 생각이 통용되지 않는 부분이 있다. 또 조직인 이상 결국 여러 사람의 힘을 빌려 협력해서 일을 해야만 하는 경우도 있다. 그러므로 자기와 맞는다 맞지 않는다, 혹은 좋다 싫다만을 인간관계의 기준으로 삼는다면 자연히 일에도 지장이 생길 수밖에 없게 된다.

자기 입장과 성격을 정확히 파악한 후에 대인관계에도 나름대로의 전략을 가져야만 한다. 직장에서 너무 좋다 싫다를 전면으로 내세우는 것은 유치한 대응이다. 성격적으로 맞지 않는다고 해서 싫어할 것이 아니라, 맞지 않는 상대라면 왜 맞지 않을까를 생각해봐야 한다는 말이다.

그리고 직장에서 어쩔 수 없이 관계를 가져야만 하는 사람이라면, 자신과 맞지 않는 상대라 할지라도 거기에 감정을 대입시키지 말고 일 본위로 관계를 맺어가면 된다. 성격이 맞지 않는 상대라고 해서 감정적으로 싫어해서는 안 된다는 말이다. 좋은 인간관계를 유지하기 위해서는 상대와 성격적으로 잘 맞는다 맞지 않는다를 따지기보다는 모두와 일정한 거리를 유지하며 지내야겠다는 마음가짐이 필요하다.

4

스타일리스트 혹은 마이 웨이

대인관계는 없다

대인관계를 좋게 하기 위해서 어떻게 해야 할까 하는 생각은 실은 앞뒤가 바뀐 발상이다. 처음부터 대인관계가 있는 것이 아니다. 우선 자기가 어떻게 살고 있는가 하는 것이 중요하다. 자기 나름대로의 목적을 갖고, 그 목적을 향해 노력하며 살아 갈 때 사람은 활력이 넘친다.

그리고 자기가 하고 싶은 일을 하고 있을 때 주위 사람들에 대해서도 관용적인 태도로 대하기 때문에 대인관계도 원만해진 다. 대인관계의 능력을 높인다는 것이 사람을 대하는 기술을 터득하는 것은 아니다. 평상시 스스로 일이나 취미에 몰두하는 것이 결과적으로 대인관계도 원만하게 만드는 것이다.

그러나 그것이 어려운 것은 언제나 일이 잘 풀리는 것도 아니고, 또 언제나 즐겁고 활기차게 일을 할 수 있는 것도 아니기 때문이다. 그러므로 쉽지 않은 현실 속에서 여러모로 궁리하여 일을 즐겁게 할 수 있도록 스스로 마음을 다잡는 것이 중요하다. 일이 즐겁고 활력 있는 생활은 확실히 주위의 조건과 상황에 좌우되는 면이 크다. 그러나 누구나 완벽하게 좋은 조건 아래 생활하는 것은 아니다. 오히려 이런저런 악조건이 겹쳐지는 것이 일상생활이다.

해직되진 않았어도 인사이동으로 지금까지 익숙해진 일에서 손을 떼고 전혀 낯선 부서의 일을 해야 하는 상황에 처하게 되는 경우도 있다. 그럴 때에는 주어진 조건 안에서 어떻게 자기의 능력을 발휘하고 좋은 방향으로 이끌어갈 수 있을까 고민해야 한다. 거기에 불만을 품고 시큰둥한 기분으로 계속 생활한다면 당연히 인간관계도 좁아지고 원만하지 못하게 될 것이다. 직장인들이 특히 그렇겠지만, 누구나 자기가 처한 조건 안에서 어떻게 자기를 발휘해 가느냐 하는 것이 관건이다.

예를 들어 지금까지 연구소에서 일을 하던 사람이 갑자기 판매부서로 이동되는 경우가 있다. 열심히 연구개발만 하던 사람이 갑자기 거래처를 돌며 상품 파는 일을 해야만 하게 된 것이다. 여러 사람들과 접촉하며 일을 하게 된 상황인 것이다. 이때 자신은 성격상 여러 사람들과 접촉하는 것이 서툴다고 생각하여, '이런 일은 나한테는 맞지 않아, 할 수 없어'라고 반응하면 우울해지고 결국 패닉 상태에 빠지게 된다.

그렇게 행동하기 보다는 자기가 그때까지 자신 있게 해왔던 일에서 보인 능력을 어떻게 하면 판매에 활용할 수 있을까를 생각하고, 적극적으로 일에 매달려보는 것이 사태를 변하게 하는 데 도움이 될 것이다. 자기에게 맞지 않는 일이라고 생각하여 새로운 부서에서 전력을 다하지 않으면 주위 사람들과도 점점 융화할 수 없게 된다. 그런 식으로 해서 결과적으로 일에도 적응하지 못하고, 주위 사람들과도 원만하지 못하게 돼 고민을 하고 우울증에 빠지는 경우가 많다. 주위 상황이 어떻든 기분을 바꿔 어떻게 하면 능력을 발휘할 수 있을까, 즐겁게 일할 수 있을까를 모색하지 않으면 안 된다.

대인관계도 기본은 일이다. 우선 일을 확실히 하지 않으면 아무도 상대해주지 않는다. 그저 대인관계만을 원만하게 이끌려고 해서는 안 된다는 말이다.

먼저 자신의 능력을 솔직히 인정하라

많은 수의 직장인들이 '상사와 잘 맞지 않는데 어떻게 해야 될까?' 하는 식의 대인관계에 대한 고민을 안고 산다. 물론 회사에서 상사에게 불평할 수야 없는 노릇이고, 그러다 보니 불평을 안주 삼아 술잔을 기울이는 경우가 많다. 물론 대다수의 경우는 그런 식으로 그냥 스트레스를 푸는 것이다. 그러나 이런 대인관계에 관해 심각하게 고민하는 사람이 의외로 많다. 그런 사람은 능력면에서도 문제가 있는 경우가 많다. 자기가 어느 정도의 능력이 있는지 확실히 모르고 있다. 대개는 '나는 더 잘할 수 있는데 상사는 그것을 평가해주지 않는다, 나의 능력을 살려 주지 않는다' 라는 불만을 토로한다. 자기의 능력을 과신하는 것이다.

상사와 관계가 나쁜 경우는, 대체로 그 사람의 능력 어딘가에 문제가 있어 상사로부터 주의를 받고 싫은 소리를 듣고 있는 그런 경우다. 그런데 주의받는 쪽은 그걸 이해하지 못하기 때문에 '상사가 나를 싫어한다, 서로 성격이 맞지 않는다' 라고 감정적으로 생각하는 것이다.

특별히 능력이 탁월하다, 떨어진다 하는 것만이 문제가 되는 것은 아니다. 능력이 떨어지기 때문에 문제가 되는 사람은, 자기가 그것을 모르고 있는 경우가 많다. 가령 능력이 좀 떨어진다고 해도 스스로 자기가 어느 정도의 능력이 있는지 알고 있으면 대인관계도 그다지 문제가 되지는 않는다. 자기가 갖고 있는 능력대로 성실하게 일을 하면 되는 것이다.

모든 것을 능력을 기준으로 해서 선을 그으려고 하는 조직도 있을지 모르지만, 대부분의 조직은 그렇게 냉정하지 못하다.

물론 전혀 능력이 없으면 곤란하지만, 대개는 나름대로 할 수 있는 일을 열심히 하면 주위 사람들이 커버해준다. 일에서 주위의 도움을 받을 수 있으면, 가령 그 사람이 있으면 자리의 분위기가 좋아진다든가 하는 식으로 일 이외의 다른 면에서 평가를 받으면 된다.

대인관계를 원만하게 하기 위해서 어떻게 하면 될까 하고 생각하는 사람은 대인관계가 원만하지 않은 사람이다. 어떻게 할까 하고 생각하기보다는 오히려 '왜 나쁠까' 하고 생각할 필요가 있다. 즉 우선 자기가 주위 사람들로부터 어떻게 받아들여지고 있는지 자기의 입지를 정확히 알아야만 한다. 그러고 나서 자기의 능력을 솔직하게 인정하는 것이 필요하다.

그런데 그것을 인정하지 않고 단지 다들 자기를 싫어한다, 상사가 자기를 미워해서 혼을 낸다 하고 믿어버리다 보니, 언제나 인정받을 수 있는 곳에서 일하고 싶다는 막연한 희망에만 빠져 있게 되고, 결국 대인관계는 더욱 악화될 수밖에 없는 것이다.

자기 이해가 곧 자신감이다

자신감에는 건전한 자신감과 그렇지 못한 자신감이 있다. 건전한 자신감을 갖고 있는 사람은 다른 사람들로부터 칭찬을 받지 않아도 자기의 능력을 발휘하는 것 자체가 즐겁다. 그래서 그런 사람들은 거의 대부분 안정감을 준다. 그런데 다른 사람에게서 칭찬 받는 것만 의식하는 사람은 칭찬 받기 위해 행동하기 때문에 안정감이 없고 불안하게 보인다.

건전한 자신감은, 자기 자신에게 얼마만큼의 능력이 있는지, 자기 자신이 얼마만큼의 일을 할 수 있는지에 대한 정확한 이해에서 비롯된다. 다시 말해, 자기가 할 수 있는 것과 할 수 없는 것에 대한 냉정한 이해가 선행되어야 한다는 것이다. 그렇게 되면 자기에게 만족하고 일을 즐길 수 있다. 자기 능력에 맞는 적당한 목표, 그것에 맞는 평가에 의해 우선 보람을 느낄 수 있고, 나아가 그것이 능력 향상의 바탕으로 작용할 수 있기 때문이다.

이에 반해, 스스로는 자기의 능력을 매우 높이 평가하고 있지만 다른 사람은 전혀 평가해주지 않는 경우, 즉 객관적인 평가가 수반되지 않는 자기만의 자신감은 건전한 자신감이 될 수 없다. 뿐만아니라 그 격차를 인정하고 메우려는 겸허함이 없기 때문에, 자칫하면 남에게 피해만 주기 일쑤다.

그러나 거꾸로 자신감이 전혀 없는 것도 문제이다. 자신감이 없는 사람들은, 마치 우울증 환자처럼 '나는 안 된다, 다른 사람들보다 뒤져 있다' 하고 되뇌면서, 언제나 일에 수동적이고 시켜야 마지못해 하는 식이다. 이들은 자신감이 없기 때문에 언제나 실패하면 어떻게 할까만 고민한다. 이 경우는 자기를 능력 이하로밖에 평가하지 못해서 괴로운 타입이다.

건전하지 못한 자신감의 경우와 자신감이 전혀 없는 경우는, 자기의 능력을 정확히 파악하지 못하고 있다는 점에서 공통점을 가지고 있다. 자기의 능력을 정확히 파악하고 그것을 충분히 발휘하면 자기를 실력 이상으로 크게 보이고 싶어하거나 또는 반대로 자기를 비하하거나 하는 일은 없을 것이다. 자기의 능력을 냉정하게 정확히 파악해서 그 능력을 발휘한다면 자연히 자신감도 갖게 된다. 그리고 그렇게 되면 대인관계도 안정된다.

내 안에서 출발하는 인간관계

과잉된 자신감에 빠져 있는 사람, 즉 남들이 인정하는 것 이상의 능력을 스스로 갖고 있다고 생각하는 사람들은 대부분 '자기애성 인격'이다. 이들은 자기의 키보다 큰 자존심을 갖고 있기 때문에 자기를 그처럼 봐주지 않고 평가해주지 않는다는 것 때문에 늘 주위 사람들과 충돌하고 마찰을 일으킨다. 그러면서 자기를 인정해주지 않는 사람들이 잘못된 것이라고 믿는다. 이런 사람들은 세상과 더불어 살아가기가 꽤 힘이 든다.

반대로 자기를 과소평가하는 자신감 없는 사람들은 '회피성

인격'에 해당한다. 겉으로 보면 자존심도 없어 보이고 열등감
으로만 똘똘 뭉친 것처럼 보이지만, 이들은 마음속 깊이 높은
자존심을 안고 산다. 다만 사람들과 접하면서 그 자존심이 상
할까 봐 두려워하는 것이다. 따라서 가능한 밖으로 나가려 하
지 않으며, 어쩔 수 없이 나갔을 경우 금세 사소한 것에도 상
처를 받기 때문에 결국 더더욱 자기 속으로 틀어박히게 된다.

이렇듯 과잉된 자신감을 갖고 있는 사람과 전혀 자신감이 없
는 사람은, 외부에 대한 대응 방법만 다를 뿐 자기의 키에 맞
지 않는 자존심을 갖고 있다는 점에서는 일치한다.

그러나 자기 키에 맞는 자존심이라는 것이, '나는 이 정도니
까 이제 됐어'라는 식의 현실안주 혹은 자포자기를 의미하는
것은 아니다. 능력이 노력 여하에 따라 향상될 수 있다는 것은
너무나 당연한 사실이다. 단 그 출발점이 객관적인 자기 자신
의 모습이냐 그렇지 않으냐 하는 점이 문제라는 것이다. 다시
말해 자기 자신의 현재 능력도 파악하지 못하고 노력도 하지
않으면서 '난 사실은 이런 능력이 있는데'라고 생각하는 것이

문제라는 것이다.

인간의 능력은 고정되어 있는 것이 아니다. 따라서 그때그때 자기를 충분히 발휘하면, 가령 자기가 실제로 그만큼의 실력이 있다고 생각하지 않았음에도 그 나름대로 인정받을 수 있다. 그리고 만약 시대의 요구와 맞지 않아 해직당했다고 해도 그런 사람은 적극적인 자세로 길을 열어갈 수 있다.

그런 삶을 산다면 쓸데없이 인간관계에 휘둘리는 일도 없을 것이다. 자기 키에 맞는 자존심, 즉 '나는 나다' 라는 삶의 방식을 갖고 있으면, 설령 한편에서 인정받지 못할지라도 다른 한편에서 누군가 그 능력을 인정해주는 사람이 반드시 있다. 이것이 자연스런 인간관계가 아닐까.

방어에서 콘트롤로

지금까지 이야기했듯이 인간의 성격은 몇 개의 패턴으로 나눌 수 있으며, 또한 누구에게나 조금씩 편향적인 면이 있다. 몇 개의 패턴으로 성격을 나눌 수 있다고는 하지만, 그 사람의 성격은 그 사람 고유의 것이다.

그리고 각각의 사람이 자기의 성격을 살리면서 어떻게 사회 속에서 자기를 활용하며 주위 사람들과 어울려 살아갈지 나름대로 헤쳐나가는 것이 인생이다.

때로는 대인관계가 원만하지 않아 고민하고 괴로워할 때도 있다. 또한 일이 맞지 않고, 주위 환경이 맞지 않는다고 느끼는 경우도 있을 것이다. 경우에 따라서는 그런 스트레스 때문에 마음의 병이 생기기도 한다.

정말 살기 어렵다고 고민하는 사람들의 대부분은 자기에 대해서 비관적이고 타인과 자신을 즐겨 비교하는 열등감이 강한 사람들이다. 그런 사람들에게 나는 이렇게 충고하고 싶다. "우선 작은 성공을 거둘 수 있는 일부터 시작해보십시오. 아주 작은 일이라도 좋습니다. 그리고 자기 페이스를 지키세요, 자기를 수용하세요."

가령 너무 울적해서 아무 일도 할 마음이 생기지 않는다면 기분 전환으로 하루에 한 번 산책을 하는 것도 좋다. 오늘 산책을 했다면 그것이 작은 성공이다. 그 성공을 거듭해 가다보면 매일 산책을 할 수 있게 된다. 아주 작은 일이라도 구체적으로 지금 자기가 할 수 있는 작은 성공을 거듭 쌓아가는 것이 중요한 것이다.

처음부터 큰일, 백점 만점을 지향하기 때문에 그것에 도달하지 못하면 '나는 안 돼' 라는 좌절감이 쌓여가는 것이다. 우선 50점도 좋고, 60점이라도 괜찮다. 그런 작은 노력을 할 수 있다는 것, 그리고 그것을 했을 때의 만족감이 중요한 것이다. 이렇게 해서 작은 만족을 쌓아가는 것으로 자기를 받아들이고 자기를 긍정할 수 있게 된다.

다른 사람과 비교해 자기 자신이 어떨까, 또는 다른 사람들이 자기를 어떻게 볼까 하는 생각에 휘둘리지 말고 나름대로 자기가 할 수 있는 일을 해나가는 거다. 일에 있어서 60점을 받았다면 다른 사람이 보기엔 충분하지 않을 수도 있다. 하지만 자기 나름대로 열심히 했다는 만족감을 가지고 편안한 자세를 취할 수 있다면, 비관적인 생각에서 벗어나 계속 일을 해나갈 수 있다.

비관적인 견해에 사로잡혔을 때야말로 그렇게 자기를 긍정해 나가는 것이 필요하다. 사회 속에서 마음의 안정을 유지하면서 살아가기 위해서는, 사람에게 휘둘리지 않고 자기 나름대로의 가치관을 갖고 사람들과 일정한 거리를 유지하며 화합하고 자기의 성격을 적절히 활용하면서 자기만의 페이스로 일을 해나가야 한다.

가령 다른 사람에게 비판을 받았을 때의 대응 방식은 성격에 따라 각각 다르다. '회피성 인격'인 사람은 마음이 약해 비판에서 도망치려 할 것이다. '의존성 인격'인 사람은 비판하는 사람의 힘을 인정하고 의존하는 형식으로 비판을 피하려 할지도 모른다. 또한 '자기애성 인격'인 사람은 비판하는 사람이 잘못된 것이라고 거꾸로 비판할 것이다. '연기성 인격'인 사람은 비판하는 상대의 비위를 맞추려 하거나 조작하려 할 것이다.

이처럼 성격 경향에 따라 대응 방식은 달라진다. 성격이란 자기 방어이기도 한 것이다. 그러나 자기 방어가 과잉이 되면 오히려 자기를 충분히 발휘할 수 없게 되고 만다.

바로 그렇기 때문에 자기의 성격 경향을 파악하여 자기가 어떤 경우에 어떻게 대응하기 쉬운지를 알아두어야 한다. 그렇게 하면 인간관계나 일에서 마찰을 일으키기 쉬운 상황에 닥

쳤을 때, 미리 자기의 감정과 행동을 컨트롤할 수 있게 된다.

자기 자신을 앎으로써 이런 일이 가능해지는 것이다.

나는 내가 지지한다

인격이 성숙하다는 것은 자기의 성격 경향을 어느 정도 객관적으로 볼 수 있고, 그 성격 경향을 적절히 활용하며, 때로는 잘못된 것을 바로잡을 수 있다는 것이기도 하다.

자기를 객관적으로 바라보는 눈은 평상시에 훈련을 하지 않으면 갖춰지지 않는다. 특히 다소 감정이 풍부한 사람들은 자칫 너무 감정적으로 흘러서 어떤 감정에 사로잡혀버리면 거기에서 쉽게 헤어날 수 없는 경우들이 종종 있다. 하찮은 것으로도 비관적이 되어 금방 우울해지고 기력이 없어지는 일을 반복하

는 사람은 자기 나름대로 기분을 바꾸는 방법을 찾을 필요가
있다.

또한 비관적인 사람은 부정적인 사고가 몸에 배어 있기 때문
에 무슨 일이 있으면 자동적으로 부정적인 생각을 갖게 된다.
따라서 스스로 주의를 하고 의식하지 않으면 비관적인 기분에
사로잡히게 된다.

그런 기분이 되면 즐겁고 활력 있게 살 수 없다. 자기의 그런
삶이 싫다면, 의식적으로 자기의 비관적인 기분을 뒤엎는 것
이 필요하다. 가령 상황이 나빠도 '나는 나대로 열심히 하니
까 이것으로 됐어' 하고 스스로를 격려하고 자기를 지지하는
거다. 평상시부터 이 같은 습관을 들이는 것이 중요하다.

자기 나름대로 일종의 긍정적인 자기 암시를 하는 것을 '셀프
인스트럭션(self-instruction)' 이라고 한다. 이것을 반복하는
것이 효과적이다.

자기 자신을 외면하지 말라

우울한 기분이나 부정적인 사고에 빠지기 쉽다고 생각하는 사람은 '아, 내가 또 부정적인 생각에 빠져 있구나' 라고 생각되면 그 기분과 사고를 끊기 위한 스톱 사인을 만들면 효과적이다. 이것은 '사고정지법(思考停止法)' 이라는 방법이다.

가령 나는 일 때문에 우울한 기분이 들 때면, "자, 그만!"이라고 소리를 내며 내 뺨을 친다. 그런 식으로 자기만의 사인을 가지면 되는 것이다.

'그런 생각은 그만 하자' 라고 생각하는 것만으로는 부족하다.

따라서 자기 식의 어떤 동작 · 행동을 연구해보는 것이 필요하다. 산책을 하는 것도, 좋아하는 운동을 하는 것도 좋다. 그러면서 마음을 달래면 기분이 바뀐다.

또한 자기를 객관적으로 보는 눈을 기르기 위해서는 일기를 써보는 것도 한 방법이다. 가령 왠지 모르게 기분이 우울해지는 경우, 사실 정확하지는 않더라도 자기 자신은 그 원인을 알고 있는 경우가 대부분이다. 다만 그 문제와 정면으로 마주하는 것이 싫은 것이다.

하지만 일기를 쓰면, 그런 문제와 마주할 수밖에 없게 된다. 그리고 그 원인에 직면하게 되면 그것을 현실적으로 어떻게 처리해야 좋을지, 또는 감정적으로 어떻게 처리하면 될지 깨닫게 된다.

이처럼 자기 식으로 자기 자신을 객관적으로 보기 위한 훈련을 해나가야 한다. 그러면 자기의 성격 경향을 정확히 파악할 수 있다. 그것이 가능해지면 우울해지거나 부정적인 사고를 하게 될 때 나름대로 대응할 수 있게 되는 것이다.

브라보 마이 웨이

원만하지 못한 대인관계에 대한 보상심리로 무턱대고 '다른'
사람과의 관계를 바라는 것은 오히려 역효과를 부를 수 있다.
원만한 관계를 맺기 위해서는 우선 '혼자 있을 수 있는 나'가
되어야 한다. 혼자 있을 수 있고 혼자서도 충분히 할 수 있다
는 것이 우선 기본이 되는 것이다.

사실 고독을 견딜 수 있는 힘이야말로 창조적으로 살아가는
하나의 포인트이다. 혼자서 살아갈 수 있다는 것이 전제가 되
어야만 사람들과 관계 맺는 것도 더욱 활기 있게 되는 것이다.

인간관계에 휘둘리는 사람은 혼자 있을 수 없고 고독에 약한 사람이라고 할 수 있다. '고독을 두려워하지도, 그렇다고 해서 굳이 고독을 즐기지도 않는' 삶의 방식이야말로 성숙된 대인관계가 아닐까.

무턱대고 또다른 대인관계를 만들어보려고 하기보다는 우선 자기의 사고방식, 삶의 방식을 확실하게 확립해야만 한다. 그런 자기 자신이 되기 위해서는 가령 '혼자가 되어도 하는 수 없다' 라는 각오도 필요하다. 그런 각오를 해야지만 비로소 인격의 중심이 서는 것이다.

고독에 강해지는 것이 성숙이기도 하다. 전혀 인간관계가 없다는 것은 괴로운 고독이지만, 고독한 시간을 갖지 못하는 것 역시 문제다.

고독을 견딜 수 있는 힘을 갖는 것이 중요하다고 해도, 사람을 싫어해서는 곤란하다. 사람에 대한 흥미가 전제되어야 한다. 거기에서 사람에 대한 배려와 공감도 나오기 때문이다. 사람과 접한다는 것은 사람과의 대화를 통해 자기 자신을 거울에 비추는 것이다. 그것은 스스로에게 자극이 되기도 할 뿐더러 자기를 성장시키기도 하고 즐거움을 주기도 한다.

쓸데없이 인간관계에 휘둘리지 않고 우선 자기가 지금 하고 있는 일에 힘을 쏟을 수 있는지, 활기차게 생활해갈 수 있는지, 그것이 중요하다. 자기의 생활을 활기차게 보낼 수 있는 사람만이 혼자 있어도 만족할 수 있을 뿐더러, 또한 사람들과의 관계도 자연스럽게 만들 수 있다.

구체적으로 말하면, 첫째 자기 부정을 피하고 현재 자기 자신의 모습이 어떠하든 그 모습을 인정하고 수용할 것, 둘째 자신을 다른 사람과 비교하지 말고 자기 페이스대로 살아갈 것, 셋째 무의미한 완벽주의를 버리고 인생을 즐길 것, 이렇게 된다. 이 점에 주의하는 것이 건전한 인격과 인생을 향한 길이다.